带着正能量去工作

「THE POSITIVE ENERGY」

改变千百万人职场命运和未来的工作法则！

赵文明◎编著

U0846500

中华工商联合出版社

图书在版编目（CIP）数据

带着正能量去工作 / 赵文明编著 .— 北京 : 中华工商联合出版社, 2013.11

ISBN 978-7-5158-0793-5

I. ①带… Ⅱ. ①赵… Ⅲ. ①成功心理 - 通俗读物 Ⅳ. ①B848.4-49

中国版本图书馆CIP数据核字（2013）第259152号

带着正能量去工作

作　　者: 赵文明
策划编辑: 傅德华
责任编辑: 楼燕青
封面设计: 鸿蒙诚品
责任审读: 郭敬梅
责任印制: 迈致红
出版发行: 中华工商联合出版社有限责任公司
印　　刷: 三河市航远印刷有限公司
版　　次: 2014 年 1 月第 1 版
印　　次: 2018 年 4 月第 8 次印刷
开　　本: 710mm × 1020mm　1/16
字　　数: 230 千字
印　　张: 16.5
书　　号: ISBN 978-7-5158-0793-5
定　　价: 32.00 元

服务热线: 010-58301130
销售热线: 010-58302813
地址邮编: 北京市西城区西环广场 A 座
19-20 层，100044
Http: //www.chgslcbs.cn
E-mail: cicap1202@sina.com（营销中心）
E-mail: gslzbs@sina.com（总编室）

工商联版图书
版权所有　盗版必究

凡本社图书出现印装质量问题，
请与印务部联系。
联系电话：010-58302915

序1
PERFACE

给管理者的一封信：
给你一个团队，你该怎么带？

尊敬的管理者：

你好！

给你一个团队，你该怎么带？相信所有管理者都无数次考虑过这个问题。

目前，国内企业存在的管理问题比比皆是，无数企业仍在为那些常见的老大难问题头痛不已：

为什么团队缺乏活力，总是死气沉沉？

为什么团队缺乏凝聚力和向心力，犹如一盘散沙？

为什么团队缺乏创新，总是因循守旧？

为什么员工总是执行不到位，甚至不愿执行？

为什么员工完不成任务还那么多的借口和抱怨？

……

无论你现在管理的是一个小团队，还是一个中小公司，或是一个大型企业，是不是都有以上这些类似的问题？这样的团队，到底哪里出了问题？这样的团队，到底该怎么带？

其实带团队的核心就是带士气、带人心。试想中国共产党领导下的人民军队在武器装备及人员数量都远远落后于敌人的情况下，凭借一种理想、一种精神力量，最终力挽狂澜，打败了敌人，在很大程度上离不开这种正能量激发的潜能，企业管理也是这样，精神聚众，是依靠营造正能量的工作精神和正能量的企业文化来实现的。

让我们来听听优秀企业员工对工作的诠释，也许你就明白了。

苹果的员工经常挂在嘴边的一句话是："爱上你的工作，每星期奋斗 90 小时吧！"微软的员工则时时对自己说："工作的态度其实就是化解一切负能量，激发和引爆正能量的关键。"仔细想想，其实微软、苹果等优秀公司的理想和信条，就是优秀企业带给员工的正能量。在这种积极的企业文化影响下，员工不仅表现出了超乎寻常的工作热情，并且不断追求卓越和创新，更表现出了良好的团队精神。正是这种带着正能量去工作的宗旨，让这些优秀企业形成了它们无可比拟的敬业、创新、团结、专注等诸多优秀品质，造就了企业无与伦比的强盛！

如今，越来越多的管理者认识到正能量对企业经营和发展至关重要，那些能够做大、做强且持续发展的企业，无一不是通过弘扬正能量的文化来引导企业行为。因为只有拥有强大正能量的企业，才能把企业价值观渗透到企业经营管理的各个方面，进而提高企业的整体素质、管理水平和经济效益。

作为一种现代化企业的管理理念，正能量已经成为企业能力的一个代名词，也是企业一种独具特色的无形资产，包括企业的文化观念、价值观念、企业精神、道德规范、行为准则、历史传统、企业制度、工作态度、企业产品等诸多内容。随着企业发展的需要，它也逐渐成为被企业和员工普遍认同的价值准则、道德规范和人文精神。它将企业的各种内部力量统一在共同的指导思想和经营哲学之下，促进员工能量的发挥，从而为企业的不断发展壮大提供足够的创造力。

如果你想让你的企业既能在有利的环境下发展，还可以在不利的环境中找到出路；既能在短期内创造效益，更能保持长期稳定的发展，就必须营造具有正能量的企业文化，这样才能让企业获得持久的发展动力与竞争力，从而令企业不断做大、做强。

《带着正能量去工作》就是这样一本指导员工增强自身正能量的经典培训书。我们希望通过对本书的阅读，管理者能够将正能量理念融入到企业管理工作中，使每一个团队成员都能带着正能量去工作，只要带着正能量去工作，每个团队，无论大小，都能创造属于自己的商业奇迹。

序2
PERFACE

给职场人的一封信：
拥有正能量，每个人都有无限可能！

亲爱的员工朋友：

你好！

无论你现在从事何种职业，处于什么岗位，如何在职场中获取成功，都是你所面临的现实问题。我们通过总结职场成功人士的特点不难发现，每个成功者都有一个共同的特征，那就是拥有积极乐观向上的工作态度，也就是职场的正能量。对于拥有正能量的人，成功总是显得那么轻而易举、自然而然。

原通用电气公司首席执行官杰克·韦尔奇说："激情是点燃工作正能量的火把。企业需要带着激情去工作的人！"

香港长江实业集团有限公司创始人李嘉诚说："成功不容易，它需要很多正能量的聚积，才能帮你登上那座别人难以逾越的巅峰。但失败却很简单，只要你任由自己内心的负能量肆虐，其中任何一种负能量都可以给你带来彻头彻尾的失败。"

华人富豪王嘉廉说："一个用心工作的员工，我们应该发给他双倍的薪水！"

著名歌手庾澄庆说："我在这几年尤其在表演时有很深的感受，不管我们在歌坛资历有多老，年龄有多大，一上台，就必须把最好的一面，最年轻、最有活力的一面表现给观众看，这就是正能量。"

其实，这些激情，这些恒心，这些专注，这些积极努力的工作态度，就是职场人士的成功与生俱来的正能量。

唤醒正能量，保持正能量，其实是每个优秀职场人士不可或缺的能力。它可以让每一个职场人士在逆境中成长，在低谷时起飞；可以让他们内在的力量充分爆发，为自己、团队乃至整个企业提供飞速发展壮大的动力。

不光是通用电气和长江实业，任何卓越企业的员工都是"带着正能量"去工作的。在微软，不管是企业高管还是普通员工，他们心中永远抱着这样一个坚定的信念：用正能量提高自己的工作士气，用正能量推动自己走向成功！微软CEO史蒂夫·鲍尔默在接受国外媒体采访时，阐述了微软的新使命——"让全世界的人和企业都充分认识到自己的潜能量"。

所有成功的职场人士都是具有正向能量的人，而那些碌碌无为的人身上总有挥之不去的牢骚和抱怨。在这两种人身上有着截然不同的表现和结局：

"你工作得开心吗？"对于这一问题，带着正能量去工作的人总是毫不犹豫地回答"开心"，而带着负能量去工作的人却往往无言以对；

面对工作当中不断出现的问题，带着正能量工作的人总是积极地解决问题，而带着负能量工作的人却总是害怕和不断逃避问题和责任；

执行任务时，带着正能量工作的人总是主动负责，没有任何借口地去执行，而带着负能量工作的人却总是在推诿、拖沓、被动应付；

在工作效率上，带着正能量工作的人总能以繁化简，提高做事效率，而带着负能量工作的人却总是庸庸碌碌，觉得时间不够用；

在职场沟通中，带着正能量工作的人总能实现与上司和同事的良性沟通，而带着负能量工作的人却总像存在着沟通障碍，总是无法良性沟通；

在职场发展上，带着正能量工作的人总能够长远地规划自己的职业生涯，不断提升自我，而带着负能量工作的人却总是得过且过，永远在原地踏步。

这是一个唯有正能量才能激发工作激情和干劲的时代，没有正能量，就不可能取得成功。在竞争激烈的职场环境下，业绩是你工作成果的最有力证明。想要保持和提升你的业绩，必须拥有积极正向的心态，也就是职场正能量。试问，一个没有正能量的人又怎么能取得骄人的业绩呢？

一个成功的职场人士想要具有强大的执行力，就必须要抛弃影响情绪的负面能量。如果你不想在工作的重压下失去理想和斗志，不想在埋头钻研各种职场潜规则、办公室读心术中日趋麻木，不想在拖沓和倦怠中失去在职场上长远发展的机会，那么，你就必须带着正能量去工作，调动自己的积极性，主动调整心态，掌控职场的正能量法则。

其实，每个人的命运都掌握在自己手中！只有带着正能量去工作的人，才是最有潜力的人，才是企业最需要的人。

从平凡到优秀、从优秀到卓越的秘诀只有一个，就是带着正能量去工作。只要带着正能量去工作，每个职场人的前程都不可限量，每个人都能创造无限可能！

目录
CONTENTS

第 1 章　职场成功，谁都离不开正能量

职场最需要什么？毫无疑问，是正能量，是积极的工作态度，是踏实投入的工作作风。只有具备这种积极、向上的力量，员工才能发现问题、解决问题，才能沟通顺畅、执行到位，才能提升自我、主动付出，才能唤醒心中沉睡的巨人，成为企业真正需要的人。

第 2 章　自动自发，用正能量成就事业高度

工作时的心态往往决定了我们所能取得的成就。如果我们能以一种为自己工作的心态去工作，那我们就拥有了一种正向的、积极的能量，这种能量能促使我们将工作完成得更高效、更完美。

第 3 章　切忌懈怠心理，重燃工作激情

激情是一种正能量，是工作中必不可少的强大动力。只有摒弃懈怠，注入激情，才能让你在工作中重获新生。

第 4 章　只为成功找方法，不为失败找借口

优秀的员工从不抱怨问题，他们只热衷于解决问题。因为他们知道，在工作中，领导欣赏的是拿着结果来复命的员工，而不是那些总是为困难找借口和为失败找理由的淘汰型员工。

第 5 章　好工作是干出来的，不是找出来的

轻易放弃的人，很容易在工作中沦入平庸，而不懈坚持的人，往往能从平庸迈向卓越。

第 6 章　勇于担当，敢于在问题中前行

优秀的员工，永远不是那些唯唯诺诺、消极怠工的人，而是那些敢于挑战一切不可能，并且积极主动与工作中遇到的阻力抗衡的人。

第 7 章　落实要到位，让执行不打折扣

执行力是衡量一位员工是否优秀的基本条件。在工作中，那些优秀的员工往往都是命令的坚决执行者，他们不会给自己找无用的借口，而是会尽自己最大的努力去解决问题，然后以一个完美的结果去复命。

第 8 章　要事第一，高效第一，结果第一

对于一个高效能人士来说，一天不止 24 小时，他们往往具有一种正能量，能通过给自己的工作排号入座、将工作化繁为简、将零碎时间盘活等各种途径，提高自己的办事效率，从而成为企业中最受欢迎的人。

第 9 章　专心才能优秀，用心才能创新

平凡的工作，只要用心去做，就能做得不平凡；普通的工作，只要打破规则，用心去创新，便能做得不普通。

第 10 章　没有完美的个人，只有完美的团队

团结、尊重、担当、顾全大局……这些都是团队精神的核心。而只有具备了这些正向能量的团队，才能在竞争中凝聚成强大的拳头，变成无坚不摧的力量，才能实现整个团队的共赢。

第 11 章　积极沟通，正能量让工作更顺畅

在工作过程中，沟通对于整个团队甚至整个企业工作效能的提升都是至关重要的，而作为企业的员工，也只有传递正能量，保证良性沟通，才能形成与企业共同发展、相得益彰的局面。

第 12 章　众志成城，用企业文化激发自身正能量

一个人只有认同企业文化，与企业目标一致才会忠诚于企业，才能真正地爱岗敬业，愿意与企业共同发展，为企业创造价值；那些有能力却不认同企业文化的人，是不可能真正成为企业所需要的人才的。

第 13 章　正能量让你永远无可替代

企业需要有能力的人，一个不够优秀或一无所长的人很容易就会被企业淘汰。因此，我们必须努力提升自我，不断补充自身的正能量。这样，我们才能成为企业中不可或缺的人。

第 1 章

职场成功，谁都离不开正能量

职场最需要什么？毫无疑问，是正能量，是积极的工作态度，是踏实投入的工作作风。只有具备这种积极、向上的力量，员工才能发现问题、解决问题，才能沟通顺畅、执行到位，才能提升自我、主动付出，才能唤醒心中沉睡的巨人，成为企业真正需要的人。

带着正能量去工作

工作是实现人生价值的重要途径，每一个人都可以通过工作来获得社会的认可，体现自身的价值。但如今职场中却总有一些人在抱怨命运的不公。其实，掌控你职场命运的不是别人，正是你自己。

有一位做房地产生意的企业家正在工地上亲自督导一幢摩天大楼的兴建工作。此时工地旁边有个衣衫褴褛的小孩，他小心翼翼地走到这位衣着光鲜的企业家身旁，问道：“我长大之后，怎样才能像您那么成功？”这位靠做小工起家的企业家看了看小孩，然后非常严肃地说：“买件红色衬衫，然后拼命工作。”

小孩被企业家严肃的口吻吓了一跳，然后一脸茫然望着企业家。他显然无法理解企业家话语中的意思。于是，老板用手指指那些往来于大楼各层鹰架的工人，然后对小孩说：“你看看那边的工人，他们全都是我的员工。我不记得他们的名字。而且，他们之中，有些人我从未见过。但你看看那个穿红衣服的，他很特别。因为大家都穿蓝色，只有他一个人穿红色的。而根据我近日的观察他比其他工人都认真，每天早到迟退，工作时手脚又勤快。我之所以注意到他，是因为他穿着与众不同的衣服。过一会儿我就打算过去跟他谈谈，问他愿不愿做工地的监工。他愿意的话，日后也一定会升职，说不定还会当上我的副经理。”

小孩听了企业家的话，若有所思地点了点头。

企业家接着说："其实，我以前也是这样干起来的。我要求自己工作比别人勤快，比别人好。我跟大家一样穿工人裤，但我的上衣是一件与众不同的条纹衬衫。这样，老板才会注意到我。我拼命地工作，最后真的受到老板的注意和赏识。升迁后，我存了一笔钱，自己开公司当老板，我就是这样创出今天的局面的。"

五年后，那位穿红衣服的工人成了这位企业家的得力助手，年薪百万。

故事中穿红衣服的工人就是企业家当年的缩影。他和企业家一样，都知道只有努力工作，自己才能够给自己的命运带来转机。面对艰苦的工作，他们从不做徒劳的抱怨，而是心中充满力量，正是在这种正向能量的指引下，仅仅一种很简单的表现方式就引起了老板的关注和赞赏。他们心中的力量源于对工作的正能量，正是那种积极的工作态度和生活态度。

上面的例子启示我们，职场中，所有被动的等待都是徒劳的，你的实干和努力才是你在职场中最大的靠山。

一个渴望成就一番事业的人，必须具备这种正向能量。因为只有这样他才会主动寻找机遇，创造机遇，而不是被动地等待机遇的垂青。他们内心的正能量就是他们最可靠、最有价值的成功资本，并且决定着他们事业的高度。

而那些工作不积极努力甚至整天混日子的人，无论他们在职场中遇到的是困境还是机遇，他们都会习惯性地把自己摆到"受害者"的位置，抱怨老板对他们太苛刻，抱怨工资太低，抱怨公司没有为他们提供更好的舞台，没有给他们施展才华的机会。他们忽略了自己才是改变自己命运的主人这一点，所以总是消极地认为，一切问题的出现和解决都来自于"外部"力量的作用，从而缺乏挑战困难的勇气与动力。他们从来没有想过通过努力工作，去争取和创造机会。

困境从来都并非不可逆转，职场中的难题也并非不可解决，只要你带着正能量去工作，自然会对工作产生正面的意念，自然会有积极的工作态度。如此，便再也没有什么能够挟迫我们的命运，而工作中遇到的难题自然也就不值一提了。

同时，我们还需要明白的一点是，要想改变自己的职场命运，仅仅靠“喊破嗓子”是不可能，这样甚至还会给自己造成更多的负面影响。而具备正能量的人，他们从来都是“甩开膀子”去工作，他们靠的是正能量主导下的实干精神。

总之，只要你能带着正能量去工作，你便可以凭借这种正向力量完成自我修复和自我改变，从而掌控自己的职场命运。

工作金言

改变自己的职场命运所需要的并不仅仅是知识和能力，职场正能量更是必不可少。

问题思考

日本企业界有位青年经理，每当完成一件相当困难的事，就站起来做一个深呼吸，大声地说：“天下无难事，只怕有心人。”

他的上司听到他的声音后被吓了一跳，便疑惑地问他：“你这话是什么意思？”

这位青年经理说：“日本人山阴麒麟儿和山中鹿之介，每当碰到困难时，都会拜月亮，祈祷月光能给予他更多的困难。这是我死去的父亲常说给我听的故事。他告诉我以后碰到困难，就这样高喊三遍，即会涌出无限的精力。现在，我只喊一遍，精神就振奋了起来。我没什么，请你放心。”

上司很赞赏他这种自我激励的工作精神：“哦！你真了不起，以后也请照这样做下去。”

结合这个故事，回答下面的问题。

问题一：你如何看待故事中青年经理的自我激励法？

问题二：上司为什么会欣赏这位青年经理？

平凡和卓越的差距到底在哪里

在职场中，没有人会甘于平庸，每个人都希望自己能成为一个卓越的人。但是，也有很多人一直在迷茫，因为他们不知道怎样才能完成从平凡到卓越的蜕变。他们仅仅有梦想，但没有动力或动力不足。那么，卓越员工的动力又是从何而来呢？这也是很多人都非常关心的问题。

卓越员工之所以能在很多员工中脱颖而出，这其中的奥秘就是——正能量。这也是卓越员工与普通员工之间的本质区别。因为一个员工自身的正能量越多，他的认知能力、实践能力、创造能力便越强，他在工作中做出骄人业绩的可能性也就越大。

吉姆和杰克是一所大学的同班同学，毕业后他们同时受雇于一家蔬菜店，试用期的工资是一样的。

3 个月后，吉姆受到老板的提拔涨了工资，而杰克的工资却没有变化。

杰克觉得老板是在故意刁难自己，心中充满了怨气。一天，他向老板说出了自己的不满，并要求老板给自己涨工资。老板耐心地听完杰克的抱怨，然后微笑着说：“杰克，你去给蔬菜批发市场的王经理打个电话，看看今天市场上什么菜好卖？”

杰克打完电话后向老板汇报说，今天的土豆和白菜卖得最好。

“卖了多少？”老板问。

杰克又赶紧打电话去咨询王经理了。

“价格是多少？”

杰克又第三次给王经理打电话。

“好吧，”老板对他说，“现在请你坐到这把椅子上，什么也不要说，看看吉姆是怎么做这件事情的。”

吉姆打完电话后很快就回来了。他对老板说：“到现在为止，只有土豆和白菜卖得最多，两样都超过了5吨，土豆价格1.6元/公斤，白菜价格是1.2元/公斤。并且王经理那里明天会新到一批新鲜的西红柿和黄瓜，价格也非常实惠，我已经向王经理每样订购了200斤。”

此时老板把头转向杰克，说道：“现在你应该知道吉姆的工资为什么比你高了吧？”

故事中的杰克无疑是一种“机器人”员工，他的每个工作步骤都需要得到老板的指令才能进行下去，所以他打了3次电话才了解到蔬菜批发市场的部分情况；而在没有任何提示的情况下，吉姆只打了一次电话，就掌握了老板想知道的和可能需要的信息。由此可见，吉姆在工作时善于思考，懂得灵活变通，这样他做起事来自然比别人更灵活、更高效、更有创举，所以他不仅圆满完成了领导交给的任务，还主动给领导提供参考意见和尽可能多的信息。这种创新型员工，往往是企业最不可或缺的员工，所以势必会得到领导的赏识和青睐。

这就是平凡和卓越的差别，其实他们的区别关键还是在于工作中有没有积极努力的正向能量，当你拥有了那些正能量时，你就会在不知不觉中完成从平凡到卓越的蜕变。

工作金言

职场中，才能很重要，灵活应变、积极执行、勇于负责的态度更重要。

问题思考

一场众人期待的音乐剧演砸了，剧院经理特别生气，为了弄清楚究竟哪些方面出了问题，他把剧组的工作人员全部都叫来了。

经理首先问的自然是导演：“说说你的看法。”

导演认为，客观的因素制约了他：编剧设计的台词过于拗口、服装师迟到了 20 多分钟、演员的表演欠火候、灯光师和美工没能按照要求工作，等等。

然而，经理听了之后，说：“作为该剧的导演，我认为问题的根源就是你。你总认为问题都是别人安排给你的，为什么你不能主动解决问题，让这些客观因素有所改变呢？”

导演解释说：“这些问题都不是我能掌控的……”

他还没说完，经理便说道：“从现在开始，这里再也没有你的事了。”

结合这个故事，回答下面的问题。

问题一：导演认为那些问题不是他能掌控的，你怎么认为？

问题二：你认为自己职场命运是由谁掌控的？

挖掘潜能，没有什么不可能

在现实生活中，很多人都对那些职场中的成功人士羡慕不已，并且会颇为遗憾地想：为什么我不是像他们一样成功的人呢？而那些被成功的光环照耀着的人们，他们拥有你也曾经拥有过的梦想，却过着你没有过上的美好生活。这一切都是为什么呢？为什么他们能不断地向着不可能完成的任务挑战，并最终取得成功呢？

究其原因，我们会发现我们和笑傲职场的人之间最大的区别就是他们拥有我们所不具备的强大力量——正能量。正是这种能量将他们一路带向常人无法企及的辉煌巅峰。

美国实业界巨子李·艾柯卡在成名以前，是一家公司销售部门的普通职员。有一次，公司派他去参加一年一度在芝加哥举行的美国商品展览会。可是，由于运气不佳，他抽到了一个“下下签”——他们公司的展位被分配到了一个极为偏僻的角落。

这个地方被称为“死角”，很少有人光顾。替他设计展位的装饰工程师杰克逊劝他放弃这个展览，别花那些冤枉钱了，等待明年再来参展。

但李·艾柯卡却在短暂的失落后又重新变得充满热情，他对杰克逊说：“任何机会都不会从天而降！现在，摆在我们面前的难题，将是促使我们创造机会的动力。杰克逊先生，多谢你这样关心我，但我希望你将关心我的热情用到设计工作上去，让我们设计出一个美观且富有创意的展位吧。请你相信，只要我们在工作中不安于现状，就一定可以创造出奇迹。”

于是，艾柯卡和杰克逊先生一起冥思苦想了一个晚上，终于设计出一个古阿拉伯宫殿式的展位，展位前面的大路变成了一个人工做成的大沙漠，当人们从这儿经过时，仿佛置身于阿拉伯的世界一样。

艾柯卡向公司的高管汇报了这一情况，并希望高管能同意再借调几个同事来帮忙。高管听了后很满意，说：“我没有看错你，你一定会成功的。”说完，便指派了10名员工前去协助。

艾柯卡让公司的那些男女职员一律穿上阿拉伯国家的服饰，特别要求女职员都要用黑面纱把面孔下部遮住，只露出两只眼睛，并且立即派人从阿拉伯地区买来6只双峰骆驼来做运输货物之用。同时，他还派人做了一大批气球，准备在展览会上使用。

李·艾柯卡的阿拉伯式展位一建成，就引起了人们的种种猜想，不少人在互相询问“那个家伙想干什么”。更令人想不到的是，一些记者把这种独特造型拍了照并进行了报道，这更引起了人们的兴趣。

开展后，展览会上空出现了无数色彩斑斓的气球。气球升空不久后，便自动爆破，变成一片片胶片撒落下来。有人好奇地捡起来一看，只见上面写着：“当你捡到这枚小小的胶片时，你的好运气便开始了，我们衷心祝贺你！请你拿上这枚胶片到李·艾柯卡的阿拉伯式展位前，换取一份阿拉伯的纪念品，谢谢你。”

这下，李·艾柯卡的展位前人头攒动，人们纷纷跑过去争相领取纪念品，反而冷落了处于黄金地段的展位。45天后，展览会结束，李·艾柯卡的公司签下了2000多笔订单，其中有500多笔订单超过了100万美元，大大出乎了李·艾柯卡最初的预料。

最后，在公司的庆功会上，公司高管一致赞赏了艾柯卡为公司所做出的贡献，并有了把他培养成公司未来接班人的打算。因为高管们觉得，这种遇到困难不退缩、始终保持着昂扬姿态的员工身上充满了走向成功的正能量，是企业接班人的最佳人选。

例子中的艾柯卡，他身上有着不畏惧困难、积极应变、勇于创新等很多正能量，正是因为拥有了这些正能量，艾柯卡才能紧紧地抓住成功的契机。相反，如果不具备这些正能量，他就会像装饰工程师杰克逊一样，消极地看待这次会展，那么他也会错失这次良机。

一般来说，普通员工身上的正能量往往都有所欠缺。要知道，正能量和负能量是个此消彼长的关系。正能量缺少，负能量就会相应地增加。而负能量的增加，势必会导致员工产生更多的消极情绪，比如懈怠、抱怨、嫉妒、逃避责任，等等。这些都会极大地影响他们的工作状态，降低他们的工作热情，从而影响到他们对自己的准确定位，成为阻碍他们职场发展的绊脚石。

那些卓越的员工身上有着强大的能量场，就像艾柯卡那样，能经常暗示自己"一切都有可能"，经常向自己的大脑输入积极的语言，比如："我的心情很愉快"、"我这次的工作目标一定能达到"，等等，这些心理暗示会使他们拥有无穷的战斗力和拼搏意识。

在工作领域中，很多人并不缺少知识和能力，他们不能取得成功的根本原因在于他们没有正确的心理策略——他们没有重视正能量对人生的巨大作用。要知道，正能量是一种催人向上的积极力量，它能帮助你永不停息地战斗，助你去挑战在他人看来不可能完成的任务。

在追求事业成功的道路上，很多员工都会感到迷茫、沮丧，这是因为他们心中消极的负能量限制住了内心隐藏的正能量的爆发。一个拥有正能量的人，即使是在最困难的时候，他内心深处的坚持也不会有任何动摇，他身上那种能够征服工作中所有的困难的正能量依旧在发出声音——我一定能够实现自己的目标，获得自己梦寐以求的成功。

所以，如果你也想实现自己的目标，成为笑傲职场的佼佼者，就不要自卑地认为自己只是一个微不足道的普通人，要相信那些成功人士能做到的你也一样可以做到，他们拥有的你同样可以拥有。问题的关键在于你找出或提升自己身上的正能量，学会像他们一样带着正能量去为自己的事业和梦想战斗，总有一天，你也能掌控自己生命中的一切。

工作金言

正能量是你工作中的助推器，它能让你在工作中克服一切困难。

问题思考

有人问股神巴菲特成功的原因，他是这样回答的：“任何人都有能力做到我所做的一切，甚至超越我。但是实际上有些人能够做到，有些人却做不到。那些做不到的人并不是因为世界不允许他们成为‘巴菲特’，而是因为他们自己的原因。”

你觉得巴菲特所说“自己的原因”是什么原因？试着思考如何才能提升自己的工作状态。

劳而苦干，正能量就是实干第一

在企业中，有些员工总是像驼鸟一样，遇到问题，要么把头埋进沙子，对问题视而不见，要么还没有努力就已经望而却步，持观望态度，甚至指望别人能够替自己解决问题。不言而喻，这样的员工，倾其一生都会庸庸碌碌，得不到什么大的发展。

为什么有些员工工作没多久，便能够平步青云，而有些员工工作了很长时间却还是在原地踏步？不难发现，前者总是能够带着正能量去工作，所以，无论工作中有怎么样的困难，他们也能够勇敢地面对，最终自然获得了提升；而后者却缺乏正能量，总是在回避问题，不去寻找更高的职场追求。

所以，我们不难得出结论，只有那些积极提升自身正能量，不断为工作而努力的人，才能改变自己的职场命运。

2013 年 3 月，李咏离开中央电视台，将人事关系转入中国传媒大学播音与主持学院，正式成为中国传媒大学教授，这让业内许多人都艳羡不已。殊不知，李咏的主持道路，并不是一帆风顺。

李咏毕业于北京广播学院播音系，当时，他只是一个名不见经传的小人物，正在拍一个专题片。就在那时，中央电视台的领导要寻找一个去国际频道做综艺节目主持人的苗子，机会难得，李咏便抱着试试看的心态去了，尽管领导说“从理论上讲，你不是一个做综艺节目主持人的胚子”。

此前，李咏几乎什么都干过，做过导演，拍过专题片，还撰过稿，唯一没接触过的就是综艺节目的主持人，甚至有一段时间还一直躲着主持人的工作。除此之外，在美女、帅哥云集的中央电视台，他觉得自己的长相实在无法恭维。也正因如此，别人很难将其和“金牌主持人”沾上关系。但是，李咏还是想尝试一下。

过了一段时间，李咏正式登台，然而，他一上台就出问题了。上台后，他说完“观众朋友们大家好”，鞠了一个躬，再一抬头，灯光往他身上一照，他便什么都忘了，接下来的时间，用他自己后来的话说就是“胡说八道，上句不接下句”。

后来，节目好歹是播出了，然而，他却发现自己说的话几乎全被导演剪掉了，甚至连自己的镜头也少得可怜。

不过，对于这样的结果，李咏没有抱怨，更没有放弃，而是充满了正能量。他说：“什么不会，我可以学。”后来，他请身为制片人的妻子准备了一个笔记本，并让她把自己在主持中存在的问题一一记录下来，哪怕是最细微的毛病都不放过。随后，李咏便对着妻子的记录一条一条地探讨、改正。

就这样，在坚持不懈地进步中，很快，他便形成了自己的主持风格。随着《幸运 52》、《非常 6+1》、《咏乐汇》等节目的走红以及多次成功地主持了中央电视台春节联欢晚会,他也一路飘红了。

而现在，他却华丽转身，成为中国传媒大学的教授。尽管，李咏已经不再年轻，但我们有理由相信，他全新的生活，才刚刚开始。

李咏并不是靠着某些因素成功的“幸运儿”，而促使他成功的正是他内心的正能量：因为正能量，他不断地提高和完善自己，向主持人的世界迈进；因为正能量，他不断地攀登人生中的高峰，敢于向陌生的领域迈进。最终，他不负众望，让自己的命运得到了升华。

在职场中也是如此，成功者与失败者的分水岭，往往不在于工作能力的高低，而在于你能否提升自己的正能量，不断为自己的工作注入活力，并不断为之努力。

只有提升自己在工作中的正能量，才能为自己的职场迎来更大的发展机会。所以，如果你不满足自己的现状，如果你想有更好的职场发展机会，不妨从现在开始，热情地面对工作，积极地面对工作中的困难。届时，你会发现，自己的命运在不知不觉中已经得到了改变。

工作金言

对工作的热情不够高涨，只是因为你的正能量不够强，这是阻碍我们迈向更广阔职场天地的最大障碍。

问题思考

思考以下两个问题，并写下你心中的答案。

问题一：你是否认同“正能量是一种强大的力量”这个观点？为什么？

问题二：你如何理解实干精神，你觉得实干精神的核心是什么？

学会优化每天的工作心态

罗素说：“我的人生正是：使事业成为喜悦，使喜悦成为事业。”

社会上有太多的闲人，他们不喜欢工作，总觉得工作是别人的事，而他们，则只需坐在工作者的旁边，品着茶、抽着香烟，很宏观地谈论他们无论如何也左右不了的天下大事，然后再偶尔地对着他们旁边那些忙碌的人们评头论足——虽然他们也并没有看清楚那些忙碌的人正在做些什么。

有的人肯定会对此表示愤然，继而也会对自己的工作不认真。这是非常不可取的。优秀的员工懂得每天都去优化自己的工作心态。

1．完全投入到工作中

法国的纪德说：“获得幸福的秘诀，并不是为追求快乐而竭尽全力，而是在竭尽全力之中寻到快乐。”

工作要你全身心投入，除非有如此的忘我精神，否则这份工作将是浅薄的、没有深意的一种行动。

在工作的时候保持心无旁骛，这需要很多的训练和规范，一个人必须从最简单的行动开始，比方说婴儿走路，他要将全部心思都放在走上，否则就会摔跤。

将这种训练规范安排在你的工作日程中，你也会成为一名优秀的员工。

我们管这种训练叫知觉训练，也就是感知觉察训练。

在刚开始的时候，你会时常发现或许不可能把工作和知觉结合在一起，因为你会不由自主地走神。事实上，它不仅可能，而且很容易就可能，只要以正确的方式开始，不要从 XYZ 开始，要从 ABC 开始。

一个人不应该从类似绘画或跳舞的事开始，那是非常深而且复杂的现象，应从日常生活的小动作开始，当你变得越来越习惯于知觉，当知觉变成好像呼吸一样——你就不需要再对它作任何努力，它已经变成自发性的——那么在任何行为或任何工作当中，你都可以知觉。但是要记住那个条件：它必须是自发性的。那么在绘画当中，或是在作曲、在跳舞、甚至在跟敌人战斗时，你也可以保持完全知觉，但是那个知觉并不是你试着去做的知觉，它并不是开始，它是经过长久训练所达到的顶点。

让你的工作有一个美好的起点，那么就从知觉做起吧！知觉会使你全身心地投入到工作中去。

2. 把工作与兴趣结合起来

许多人认为，所谓工作，就是一个人为了赚取薪水而不得不做的事情。优秀的员工对工作则抱着大不相同的见解，他们认为：工作是施展自己才能的载体，是锻炼自己的武器，是实现自我价值的工具。

之所以有的员工认为工作是为了赚取薪水而不得不做的事，是由于他们都缺乏对工作的兴趣。

已经晋升为某家电公司总经理的赵先生，却对“财务”方面的工作常识有些迟钝，在谈到此话题时，他非常后悔，因为当初他有了一个提高财会专业知识的机会，他却错过了。

赵先生从大学毕业进入公司时，被派往财务科就职，做一些单调的账务工作。由于这份工作简单得连中学或高中的毕业生都能胜任，赵先生觉得自己实在是被大材小用了，于是他对这份工作充满了厌烦。因为疏忽，他在工作时频频出错，还经常遭到上司责骂。

赵先生认为，如果自己当初能好好学习自己并不擅长的财务工作，便能更好地了解财务知识，熟悉了之后，财务工作也就会变得很有趣。

如果不能带着兴趣工作，那么工作很可能就会成为你的累赘。

3．每项工作都具有提升能力的作用

在单位中，即使你的专业性非常强，你也可能被指派到各个部门去。不要有任何的情绪，因为每一项工作都有提升你能力的作用，要么磨炼你的意志，要么使你掌握技巧。现在有很多优秀的企业，在新员工进入公司后，都会被派到最基层的工作岗位上去。

4．给自己一个小小的奖励

当你尽力取得了一定的成绩的时候，不妨为自己庆贺一番，这样做，还会建立起更多的自信。

每个员工在工作上所需要的，正是一种能充实自信心的成就感。优秀的员工懂得爱护和不断地培育自己的自信心，他们懂得如何“给自己颁奖”。

一个不信任自己的人，一个悲观处世的人，一个只是把自己的成果当作侥幸的人，不可能成为优秀的员工。显然，优化每天的工作心态是必不可少的工作环节，是优秀员工的一条工作秘诀。

工作金言

只有每天优化自己的工作心态，才能长久保持正能量！

问题思考

著名的经济学家凯因斯，同时也是华尔街投资公司的高级顾问。凯因斯一生非常成功，年纪轻轻就已经是百万富翁了。

当记者问及其成功之道时，凯因斯说：“我有一个习惯，喜欢为自己制订计划。计划包括每一年的计划，也包括每一个月的计划，甚至还落实到每一天。可以这样说，我之所以能够取得成功，这些计划起了非常重要的作用。”

记者问：“计划？怎么利用这些计划呢？”凯因斯说：“只有计划是

不行的，还要严格地执行计划，这就涉及自我反省、自我优化。我每天都要做反省，看一看今天有什么收获，有没有认真对待自己的工作，是否在工作中有不好的心态产生。凡是没有做好的地方，必须得想办法弥补起来。同时，再想一想今天的成绩，用它们来鼓励自己继续努力。用同样的方法，每一个月，每一年都要做这样的自我反省、自我调整。”

结合凯因斯的工作经历，谈谈自己在工作中有没有及时反省自己，有没有及时优化和调整自己的工作心态，正确面对每一次职场考验。

正能量加油站：多做一点，少说一点

在日常工作中，我们不难发现有这样的同事，他们虽思路敏捷，口若悬河，但刚说几句就令人反感。这种人多数都是因为太爱表现自己，总想让别人知道自己很有能力，处处想显示自己的优越感，以为这样就能获得他人的敬佩和认可，其结果往往是适得其反。

有一位老板在批评一位工作出色但却极爱表现的员工时，讲了这样一则寓言：

一辆满载重货的牛车，在满是石子的乡间小路上颠簸前进。老牛使劲地拉着车子，车轴随之发出吱吱轧轧的叫声，老牛听见声音，回过身来对轮轴说：“一直是我在出力拉车，应该叫唤的是我，而你又没有用力，你有什么资格叫唤呢？”

这位老板的用意很清楚，在团队工作中，受欢迎的是“牛”，受排挤的是“轮轴”。

牛负担最重，受累最多，却默默无闻，而刚吃了一点苦的车轴，却大声叫个不停，生怕别人不知道，二者形成了鲜明的对比。所以拉车的牛才是值得称道的对象。在你卖力宣讲自己的出色时或抱怨自己的劳苦时，不妨看一看别人。

很多时候，那些没有本事的人才会乱叫说自己是才高八斗，很多时候，那些工作不努力的人才会老说自己工作多，自己好累。

那么，如何才能做到少说多做呢，我们不妨注意以下几点：

1. 不要“什么都知道”

有些人喜欢充当“百事通”的角色，仿佛没有什么事情是自己不知道的。看似聪明，其实愚蠢。这种人最容易引起同事们的反感。遇到没有人愿意干的事情，这种人往往会被推出去当“枪”使——你不是什么都懂、什么都会吗？要学会韬光养晦，大智若愚，既显得谦虚，又能保护自己。

法国哲学家罗西法古说：“如果你要得到仇人，就表现得比你的朋友优越；如果你要得到朋友，就要让你的朋友表现得比你优越。”当我们让朋友表现得比我们还优越时，他就会有一种得到肯定的感觉；但是当我们表现得比他们还优越时，他们就会产生一种自卑感，甚至对我们产生敌视情绪。因为谁都会不自觉地维护着自己的形象和尊严，如果有人过分地显示出高人一等的优越感，那么无形之中是对他自尊的一种挑战与轻视，同时排斥心理及敌视情绪也就会开始滋生。

2. 不说短道长

在同事面前，不该说的不要说，说多了会引起别人的反感。最稳妥的办法是少说多做，用行动来表达自己的观点。比如，你看不惯同事总迟到，如果你善意地提醒他注意准时上班，他或许认为你多管闲事，倒不如你每天提早 10 分钟上班，把卫生打扫干净、整理好材料，几天下来，你的行动会令他惭愧不已。

有些人喜欢背着别人说长道短。这最令人反感。不但会使被议论的人感到气愤，而且也会让听者觉得不舒服。人们通常会这么想：你当着我说别人坏话，难保你不当着别人说我的坏话。因此大家会提防你，对你保持距离。这样在职场上，只会传递负能量。

3. 客观地评价观点，而不意气用事

当团队对其成员提出的观点进行评价时，应该运用批判思考的技能对它们进行评价。争论点或问题是什么？这个观点是如何说明问题的？提出这个观点的理由和根据是什么？它的风险和弊端是什么？重要的是要让团队的成员意识到评价的对象是观点，而不是提出观点的人。最常见的一种思考错误是，有的成员仅从个人的爱好或偏见出发，不是对人们提出的观点进行评价，而是把矛头指向个人。对有挑战性的观点应该作出这样的回答："我不同意你的看法，原因是……"，而不应该说"你真无知"。只有如此，你才能进行良好的沟通，而不会恶语伤人。

4. 做一些自己可以做的额外的事

对人不要斤斤计较，不要将每一种工作都分得清清楚楚，这只会让你成为懒惰和冷漠的人，适当地替别人做一些事，你会受益匪浅。

比如，对新同事提供善意的帮助。新同事对工作不熟悉，当然很想得到大家的指点，如果可能，你最好主动去关心和帮助他们。在他们最需要得到帮助之时，你伸出的援助之手往往会让他们有一种雪中送炭的感觉，这样他们会在今后的工作中更主动地配合和帮助你。

另外，自己工作之外的事情，不该涉及的尽量不去涉及，尤其不要以"内行人"、"明白人"或者其他居高临下的姿态去对同事、领导指手划脚。即使人家请你去帮忙，也应以谦逊的态度诚恳待人。

不要认为只要多干就能成功。正因为你肯干、多干，原本不是你分内的工作也由你来做了，工作部署可能被打乱。要知道，许多事情，衡量的标尺远不止"硬碰硬"，还有无形的、只能意会的诸多因素。关键要将心用在"刀刃"上，在团队中发挥好个人的作用，才有可能成功。

要谦虚谨慎，不能自我吹嘘。人外有人，天外有天，即便你做出了很大的成绩，也不能自我膨胀，要保持谦虚，才会有进步，当然，也不能过分谦让，要学会适度自我宣传，让别人认识自己。

在团队合作中，如果每一个员工都能做到少说多做，那么整个团队就会成为一个无坚不摧的战斗团队。

第2章

自动自发，用正能量成就事业高度

工作时的心态往往决定了我们所能取得的成就。如果我们能以一种为自己工作的心态去工作，那我们就拥有了一种正向的、积极的能量，这种能量能促使我们将工作完成得更高效、更完美。

为你自己工作

在职场中，总有那么一部分员工无法给自己做出准确的定位，他们不知道自己究竟是在为谁工作，总是偏执地认为自己是在为老板工作，是在为老板做苦役，工作的目的就是为了赚钱，混口饭吃。

其实，员工的这种认识是非常狭隘的，他们最大的误区就是从来没有意识到工作其实是为了自己。他们只是把工作看成一种简单的雇佣关系，做多做少，做好做坏，和自己没有多大的利害关系。殊不知，这种类型的员工，即便他们能力卓越、学识渊博、技术过硬，也很难取得大成就。因为他们给自己设置了一道藩篱。相反，只有那些给自己定位准确，懂得自己是在为自己工作的员工，才能全身心地投入到工作中去，才更容易取得成功。

20 世纪 60 年代，齐瓦勃出生在美国乡村的一个贫苦家庭中，由于家境贫寒，他小学没毕业就被迫辍学了。15 岁那年，齐瓦勃经人介绍来到一个山村做了马夫。然而，心中怀有鸿鹄之志的齐瓦勃并不甘心碌碌无为一辈子，所以，他无时无刻不在寻找着更好的改变命运的机会。

三年后，齐瓦勃终于凭借自己的努力和勤奋被雇佣到钢铁大王卡内基所管辖的一个建筑工地打工。一踏进建筑工地，当其他人在抱怨薪水低、工作辛苦而怠工的时候，齐瓦勃就暗暗下定决心要做同事中最出类拔萃的人。

于是，他自学建筑知识，并默默地积累着工作经验。在那群工友当中，有些人讽刺挖苦齐瓦勃，说他傻，为老板打工不必这么卖力。齐瓦勃却回答说："我不仅仅是在为老板打工，也不仅仅是单纯为了赚钱，我更是在为自己打工，为自己的梦想打工，为自己的前途打工。我们本身条件就不好，这是我们的短板。要想得到重用，获得机遇，就必须在工作中努力地提升自己、丰富自己，使自己工作所产生的价值，远远超过所得的薪水！"

一天晚上，其他工人们在闲聊，唯独齐瓦勃像以往那样在宿舍的角落里看书做笔记。恰巧公司的高层领导人来工地视察，当他来到工人宿舍后，一眼就在众多闲聊的工人中发现了专心致志读书的齐瓦勃。经理看了看齐瓦勃手中的书，又翻开了他的笔记本，什么也没说就走了。

第二天，这位领导把齐瓦勃叫到办公室，问："工人只要认真干活就可以了，你学那么多知识有什么用呢？"

齐瓦勃说："我觉得任何企业都不缺少技能一般的普通工人，我们企业更是如此，缺少的是那些既有专业知识、又有工作经验的技术人员或管理者，对吗？"

领导满意地点了点头。不久，齐瓦勃就被升任为技师。后来不断学习、不断提升自己的齐瓦勃一步步升到了总工程师的职位。25岁那年，齐瓦勃又做了这家建筑公司的总经理。

琼斯是卡内基钢铁公司的一名天才工程师兼合伙人，他发现当时身为总经理的齐瓦勃，每天都是最早来到建筑工地，最晚一个离开。琼斯很好奇，就问齐瓦勃为什么总来这么早，齐瓦勃回答说："只有这样才能随时掌握第一手资料，当工地上发生急事时，自己可以从容应对，不至于事情被耽搁。并且，只有这样，我才能学到更多的知识。"

渐渐地，琼斯被齐瓦勃超人的工作热情和管理才能震惊了。于是，新工厂建好后，琼斯推荐齐瓦勃做了自己的副手，管理工厂的所有大小事务。两年后，琼斯在一次事故中丧生，齐瓦勃被董事会推荐担任厂长一职。因为齐瓦勃的工作态度及天才管理艺术，齐瓦勃所在的钢铁厂很快就成了卡内基钢铁公司的灵魂工厂。因为有了这个工厂，卡内基才敢说："什么时候我想占领市场，市场就是我的。因为我能造出又便宜又好的钢材。"几年后，齐瓦勃被卡内基任命为钢铁公司的董事长。

在职场中，我们常常可以听到这样的话：

"凭什么这个也要我做啊，一个月才给我这么一点钱。"

"我不过是为老板打工！这个又不归我管。"

"这不是我的事情，让别人去做吧。"

"差不多就行了，是公司的事，又不是我自己的事情。老板又不多给钱。"

"要是给我涨工资我就干，要不我就不干了。"

然而，看了齐瓦勃的故事，我们的内心是否会有所触动呢？如果齐瓦勃从一开始就把自己定位成是在为老板工作，他还会取得这样伟大的成就吗？

工作不是为了别人，更不仅仅是为了薪水！你不是在为老板打工，而是为你自己打工！因为，工作不仅仅让你获得薪水，更重要的是，它还教给你经验、知识，通过工作，你能够提升自己，从而变得更有价值。

正因为如此，我们在对待自己的工作时，不管遇到什么事，都应将心态回归到零：把自己放空，抱着学习的态度，将每一次任务都视为一个新的开始，一段新的体验，一扇通往成功的机会之门。这样，你就可以将心中潜藏的正能量激发出来，使你能够全方位地审视自己，从而准确地定位自己——你是为了自己而工作。

工作金言

不能正确理解工作，没有准确的职场定位，就永远不会有光明的前途。

问题思考

李强在一家外企公司工作了四年，但始终没有得到部门经理的认可，这让李强心生抱怨。终于有一天，李强被部门经理辞退了。

离职那天，经理问李强："你在这个企业工作了四年，你知道你是在为谁工作吗？"

李强不假思索地说："当然是为这个企业工作，为经理你工作。"

经理摇了摇头说："你错了。你是在为你自己工作。你需要明白，工作是为了自己，而不是别人。在你工作的时候，你是在为自己工作，自己进步了，能力提升了，你才会有更大的发展空间。如果你一直执意认为自己工作只是应付老板，那你可能永远都会处于一种从属地位，无法真正获得独立自主。这也是你为何得不到公司认可的根本原因。"

李强听了经理的话，后悔莫及。

你是怎么理解"工作是为了自己，而不是别人"这句话的？结合这个故事，说说你的想法。

以老板的心态工作

在工作当中，我们常常可以看到这样一类员工：他们只做老板明确要求他们做的事，像电脑程序一样去执行，看似勤奋守纪，但却不会把工作做得更深入，更不会主动思考把工作范围进行延伸。

纵观当下职场，这样的员工为数不少，他们对工作怀有这样一种心态：自己是打工仔，只要把自己分内的事情做好就行了，其他的事情与自己无关。殊不知，以这样一种心态去工作，你就会紧紧盯住自己分内的那些工作，而不去想额外多付出一些，甚至还会经常埋怨老板苛刻，连自己分内的工作都不愿用心去做。这样下去，只会不断地对工作敷衍塞责，被动地应付领导分派下来的工作，从而失去了让自己成长和进步的机会。

但是，如果你以老板的心态来工作，你自然就会多以企业角度考虑问题，让自己从全局的角度来审视这份工作，确定这份工作在整个工作链中处于什么位置，并从中找到做好这份工作的最佳方法，这样，你就会把工作做得更出色、更圆满。此时，你的薪水和职位自然会因为出色的业绩而得到提升。即便你没有得到提升，你也会因纵观全局的领导能力得到锻炼、培养和提升，从而为自己将来的创业打下坚实的基础。

蒂斯是一家药品制造厂的速记员，他从一名普通速记员到后勤部经理的位置，只用短短一年的时间。他之所以能够获得如此快速的升职，和他对待工作的心态是不无关系的。

蒂斯刚刚进入药品制造厂时，经理经常会把很多经理的分内事交给蒂斯去做，对此，蒂斯也并不推辞，而是认认真真去完成。

有一天，经理又吩咐蒂斯编一本总裁查理克前往欧洲时需要的电码书。蒂斯在接到这个“额外”的任务时，没有像其他员工一样只是简单地把电码编写在几张纸片上敷衍了事。

蒂斯利用下班的空余时间，把这些电码编成了一本漂亮的小书，并用打字机打印出来，然后再装订好，并做了一个精致的封面。完成之后，经理看都没看便把电码本交给了总裁查理克。

查理克看到如此漂亮的电码本后心里也是颇为惊讶，但他依然不动声色地问经理：“这不是你做的吧？”

经理战战兢兢地回答道："不……是……"

"是谁做的呢？"

"我的速记员蒂斯做的。"

"你叫他到我这里来。"

查理克见到蒂斯后，亲切地问他："小伙子，你怎么会想到把我的电码做成这个样子呢？"

蒂斯挠着头说："我想这样用起来会方便些，如果让您觉得不满意，我马上回去重做。"

查理克并没有着急表态，而是接着问："你是什么时候做的呢？"

蒂斯答道："我是前几天晚上在家里做的。"

听到这里，查理克笑了，他说："是吗？你做得非常好，我特别喜欢它。"

在之后的一段时间里，查理克暗暗观察着蒂斯的工作态度和方式，他发现蒂斯是个对待工作非常认真的人，他总是可以站在老板的角度去思考问题，并能以老板的心态来对待工作。查理克对蒂斯的表现非常满意，没多久，他就破格提拔蒂斯为后勤部的经理，并辞退了原先那个不负责任的经理。

这虽然是一个非常简单的故事，但是却蕴含着深刻的哲理。蒂斯"我想这样用起来会方便些"这句简简单单的话，其实是一个非常有力的表述，这句话直接表明了他工作时的心态。他是站在老板的角度工作的，为了让总裁查理克能够在使用电码本时更加方便，他主动利用自己的私人时间制作了一个漂亮的电码本，也正是这一举动，让他身上的正能量被总裁发现，从而使他成功地坐上了经理的位置。

以老板的心态对待工作，你才能一切从公司的角度出发，你的工作才会做得更加扎实细致。

以老板的心态去工作，既是为了得到一份报酬，也是为自己取得更好的发展，乃至为自己独立创业做好准备。只有具备了这种心态，你才会觉得每天的工作都很愉快，才会从简单平凡的工作中体会到不平凡的快乐。长此以往，你就一定能成为一个值得信赖的人，一个老板乐于雇佣的人，一个可能成为老板的得力助手或最终成为老板的人。

不过，以老板的心态工作虽然是正能量的体现，但决不能真把自己当成老板，端起老板的姿态来工作，这样不仅无法让你顺利成长，还会给自己的工作带来很多负面影响。所以，员工在以老板的心态工作时，要在保持高度责任感的同时放低姿态，这样，才能成为企业不可或缺和备受欢迎的人。

工作金言

公司是老板的，事业是自己的。

问题思考

小王和小李同在一个车间里工作，每当下班的铃声响起时，小李总是第一个换上衣服，冲出厂房；而小王总是最后一个离开，他十分仔细地做完自己的工作，并且在车间里走一圈，确信没有问题后才关上公司的大门。

有一天，小李和小王在茶馆喝茶，小李对小王说："你让我们感到很难堪。"

小王有些疑惑不解地问："为什么？"

"你让老板觉得我们都喜欢偷懒，都没有你努力，"小李停顿了一下又说，"要知道，我们只不过是在为老板工作，你又何必那么拼命呢？"

小王听了后认真地答道："没错，我们是在为老板工作，但更是为自己的梦想而工作，所以，我们应该以老板的心态对待工作，这样才能不仅为自己赚到养家糊口的薪水，还为自己积累了工作经验。要知道，工作带给我们的是远远超出薪水的东西。"

你能从小王的话中领悟出什么？如果你是小王，你该怎么回答小李？结合这个故事，说说你的看法。

不要把薪酬作为努力工作的唯一理由

成功的职场人士往往会把一句话挂在嘴边：不要将薪酬作为努力工作的唯一理由。因为他们知道，薪水只是生活的一种手段，是工作价值的一种体现，而不是工作的最终目的和全部意义。当然，工作固然是为了生计，但是比生计更可贵的，就是在工作中充分发挥自己的才干，发掘自己的潜能，为自己的理想和目标去努力，以此来展现自己的人生价值。

如果工作仅仅是为了薪酬，那么不仅我们在工作中缺少了乐趣，还会让我们的生命价值显得低俗和缺乏意义。只有把工作真正当成事业去做，而不仅仅是赚钱的手段，一个人才能在工作中收获乐趣，获得动力，才能得到更为长远的发展和进步。

如今已是一家大型企业董事长的程浩，可谓是功成名就，春风得意。可谁知在这个拥有耀眼光环的企业家背后，也拥有着不堪回首的过往。程浩在 10 多年前还是一名生活在社会最底层的送煤工。

程浩出生在山西北部一个落后的山村里，由于家境清贫，所以小学刚毕业就辍学了。16 岁，程浩跟随同村的叔叔、哥哥们来到城里打工。没有关系、没有经验、没有学历的程浩费尽心思终于找到了一份工作——送煤。这份工作又脏又累，并且薪水少得可怜，勉强能维持温饱。

两年之后，程浩才谋得另外一个稍好一点的工作，即便这样，他的薪水每个月也只有600元。在这期间，程浩一边认真工作，一边寻找新的机会。还好，功夫不负有心人，程浩经人介绍，成为了建筑工地的一名工人。在做这份工作期间，程浩没有把自己的目标局限在挣钱这方面，而是将目标定得很长远。

由于程浩的勤奋和努力，没多久，他就学会了开挖掘机、铲车等技能，并渐渐地学会了很多建筑工地的技能知识和管理知识。5年后，程浩如愿以偿，从一名工人一步步升到了总工程师的职位。又经过几年的努力，他成立了现在的企业，并出任董事长。

很多人都想不明白同样是打工的，程浩怎么只用了短短10年就成功跻身上流社会了呢？在好奇心的驱使下，一些媒体人开始来采访程浩，意在探索程浩的成功秘诀，最后大家终于知道了程浩由弱变强的奥秘所在：他每得到一份新的工作，或者到了一个新的职位，他考虑最多的永远都是新的工作或新的职位与过去的相比是否能让自己获得更大的进步，是否有更长远的发展，而不是薪酬的多少和待遇的高低。

每获得一个新职位，程浩都以同事中最优秀的人作为自己努力和奋斗的目标。他从不像一般人那样不切实际、好高骛远，也不像那些眼高手低的人一样抱怨薪酬不够高，更不会因为对薪酬不满意而频繁地跳槽。他充满乐观和自信，懂得设定长远的目标，从不妄想一步登天，做任何事情都竭尽所能，所以，他的每一次升迁都是水到渠成、大势所趋。

最后，程浩对一名记者说："当我还是一名微不足道的送煤工时，我就暗暗下定决心：'总有一天我要做到高层管理，我一定要做出成绩来给老板看，使他自动来提升我。我不去计较薪水，我要拼命工作，我要使我的工作价值，远远超乎我的薪水之上。'

正是靠着这种正能量的激励，我终于一步步走到了今天。”

一个以薪水为个人奋斗目标的人是无法走出平庸的生活模式的，也从来不会有真正的成就感。程浩的经历告诉我们，虽然工资应该成为工作目的之一，但是在工作中真正获得的东西却不是拿在手中的钞票。一个人如果把薪酬作为努力工作的唯一理由，没有更高的目标和规划，那么无论在什么领域、从事什么样的工作，都不可能获得真正的成功。最终受伤害最深的不是别人，正是他自己。

所以，我们首先应该树立一个正确的工作观：不要把薪酬作为努力工作的唯一理由，不要狭隘地只为薪酬而工作。因为薪酬只是工作的一种报偿方式，虽然是最直接的一种，但也是最缺乏魅力的。因为谋生和充实人生并不一样，谋生和让生命过得有意义也是完全不同的两回事。赚钱容易，但是要想有一番作为却困难得多。更何况，赚钱的魅力是经不起时间考验的。

工作金言

把薪酬作为努力工作的唯一理由的人，无论在什么领域、从事什么样的工作，都不可能获得真正的成功。

问题思考

曾连续多年蝉联世界首富宝座的比尔•盖茨说过：“即使到今天，使我产生兴趣的也不是赚钱本身。假如我必须在我的工作和拥有庞大财产之间选择，我仍会选择工作。”

“钢铁大王”安德鲁•卡内基也曾经说过这样一句话：“人生必须有目标，而赚钱是最坏的目标。没有一种偶像崇拜比崇拜财富更坏的了。”

结合这两个传奇人物的话，谈谈自己的想法和感受。

常怀感恩之心，让工作成就事业

有些员工面对每天一成不变的工作时，往往会感慨工作的平淡无味，会对工作的琐碎繁重心生抱怨。时间一久，甚至会怨恨自己的工作，觉得生活中的很多苦恼都是工作造成的。其实，这些抱怨和不满的根源都是因为对工作缺少一种感恩之心。对工作缺少感恩之心，是一种被负能量裹挟的状态，因而才会使人心生诸多烦恼。

在一个懂得感恩工作的人身上，就很少有如此多的烦恼。因为用一种感恩的眼光去看待工作，就会发现公司给人提供的是启迪智慧的场所，是历练能力的机遇，工作是人生的一种恩典。它不仅塑造了你，也成就了你。它为你展示了广阔的发展空间，为你提供了施展才华的平台。当你以一种感恩图报的心情融入工作中时，你自然会工作得很愉快、很出色。

10 年前的张晨浩还是一位普通工人，但如今他已经是一名被工人广泛推崇，并获得“省五一劳动奖”的工程师。

张晨浩在担任山西省动力车间主任的几年里，他感恩企业，尽心尽力、兢兢业业，把勤奋工作当作自己最大的乐趣，把建设一个文明向上的车间作为自己最大的追求。他从一个平凡的车间工人成长为现在山西“五一劳动奖”的获得者，成功与荣誉的背后凝聚着他辛勤的汗水和知恩图报的精神！

工作中，他总是心怀感恩企业、爱岗敬业的主人翁意识和责任感，和车间领导班子不定期地组织职工学习国家安全法律、法规及公司的各项规章制度，让职工们都能充分认识到“安全责任重于泰山”。他以企业为家，为了更好地了解设备的性能，搞好车间的生产管理，他刻苦攻读了“三万吨”设备的产品说明书，查阅安装施工图纸，从完善微机监控保护系统到 6KV 供电系统、110KV 开关站的检修试验，从辅助设备的维护保养到秋季预防性 + 检修试验，一点一滴他都亲自指挥，从实践中发掘经验、总结教训。

同时，他还用“感恩工作”的精神感染着身边的每一位职工，带领着他们一步一个脚印向前迈进。据统计，在他的带领下，他负责的动力车间小组已处理风、水、电系统存在大小事故隐患 300 余次，其中特大隐患一起；准确无误完成了大型倒闸操作百余次；完成“五小”成果共计七项，小改小革 60 余项，为公司节约了数百万的资金。

当媒体问及他取得这些辉煌成果的秘诀时，他诚恳地说：“我并没有什么秘诀，我只是始终怀着一颗‘感恩’的心，把工作当成一种恩典来对待。”

随着同事之间竞争的愈加激烈，有些员工因为越来越大的工作压力，导致情绪产生了波动，他们往往觉得工作上的不如意，都是社会制度的弊端造成的，是领导的种种可视之为压榨般的言行造成的。殊不知，这样的想法未免有失偏颇。如果我们能怀着感恩的心去看待工作，那我们自然会对工作心存感激，那些抱怨、不满自然就会消失，取而代之的是如何努力地工作，如何让自己把工作做得更加出色。

如果你想不出以什么理由来感恩自己的工作，那么，你不妨这样想想：感恩领导，感谢他给你工作的机会，感谢他的提拔，感谢他的认可；感恩同事，感激他们对你的理解和支持，还有平时你从他们身上学到的知识。

当你对工作怀有感恩之心时，你自然会在对待领导和同事的态度中流露出来。如果是这样，你的老板也会被这样一种高尚纯洁的礼节和品质所感染，他会以具体的方式来表达他的感激，也许是更多的工资、更多的信任和更多的服务。你的同事也会更加乐于和你友好相处。

当然，感恩与溜须拍马不同，真正的感恩应该是真诚的、发自内心的感激，而不是为了某种目的，迎合他人而表现出的虚情假意。它是不求回报的，是自然的情感流露。

如果你每天都能怀着一颗感恩的心而不是挑剔的眼光去工作，相信你工作时的心情自然是愉快而积极的，工作的结果也会截然不同。长此以往，你定能发现工作的乐趣和意义，并在这些发现中不断获得进步和成功。

工作金言

把工作当成一种恩典，让感恩成就事业的高度。

问题思考

萨利塔是美国一家麦当劳的员工，他的工作非常枯燥，每天只是不停地做很多相同的汉堡，没有新意，而且还很辛苦，但是他仍然非常快乐，从来都是用满怀善意的微笑来面对他的顾客，几年来一直如此。他的这种真挚的快乐，感染了很多人。有人不禁问他，为什么对这样一种毫无变化的工作感兴趣？究竟什么让他充满热情？

萨利塔回答道，我每做出一个汉堡，就知道一定会有人因为它的美味而感到快乐，那我也就感到了我的作品带来的成功，这是多么美好的事情。我每天都会感谢上天给我这么好的一份工作。由于萨利塔的快乐心情，这家店的生意越来越好，名气也越来越大，最后终于传到了麦当劳公司总管的耳朵里，于是，萨利塔得到了总公司的一个重要职位。

如果你是故事中的萨利塔，你能有他那种可贵的“感恩”心态吗？能从这份枯燥的工作中获得快乐吗？结合这个故事，说说你的想法。

正能量加油站：尽职尽责，敬业勤奋

敬业，顾名思义就是尊敬并重视自己的职业，把工作当成自己的事业，并对此付出全身心的努力，抱着认真负责、一丝不苟的工作态度，即使付出更多的代价也心甘情愿，并能够克服各种困难，做到善始善终。这才是必须具备的职场正能量。

人如果没有了事业和理想，生命就会失去意义。一个人不管从事什么职业，都应该尽心尽责，尽自己最大的努力，把工作做好。这不仅是职责的需要，也是人生的需要。

无论你身处何处，只要怀着一种敬业的精神，能全身心投入工作中，尽心尽责，忘我工作，就一定会取得成功。

敬业的员工，不仅仅是为了对老板有个交待，更重要的一点，敬业是一种使命，是一个职业人应具备的职业道德。

松松垮垮的泥瓦工建造的房屋，就会经受不住暴风雨的袭击；马马虎虎的外科大夫做起手术来，是在拿病人的生命开玩笑；懒懒散散的律师，只会是让当事人浪费金钱……这些都是缺乏敬业精神的具体表现。

在竞争如此激烈的现代社会，毫不夸张地说，一个公司的存亡，就取决于其员工的敬业程度。只有具备忠于职守的职业道德，才有可能为顾客提供优质的服务，并能创造出优质的产品。

很多人能力比别人强，但是成就却远远落在别人后面，究其原因是他们在自己的工作中没有做到全心全意、尽职尽责。

不要在平时的工作中养成懒懒散散，心不在焉，半途而废的坏习惯。这些坏习惯一旦养成，就会影响你的工作和生活。

每个员工的敬业所带来的最直接的结果当然是企业的不断发展，以及员工个人的事业的成功。

阿尔伯特·哈伯德说："一个人即使没有一流的能力，但只要你拥有敬业的精神，同样会获得人们的尊重，即使你的能力无人能比，却没有基本的职业道德，一定会遭到社会的遗弃。"

1. 将敬业作为一种习惯

有些人天生就具有敬业精神，一接手工作就废寝忘食，但有些人则需要培养和锻炼敬业精神。如果你自认为敬业精神还不够，那就强迫自己敬业，以认真负责的态度做事，让敬业精神成为你的习惯。

当敬业习惯深植于我们脑海里，那么做起事来就会积极主动，并从中体会到快乐，从而获得更多的经验，取得更大的成就。当然，要取得最终的成功需要长期的努力，不会迅速见效。但如果不具备敬业精神，那也就不会有成功的可能了。工作上的马虎失职，也许对公司并不会造成严重的影响，但长此以往，也就葬送了你的前程。

2. 做事一丝不苟

做事一丝不苟能够迅速培养严谨的品格、获得超凡的智能；它既能带领普通人往好的方向前进，更能鼓舞优秀的人追求更高的境界。

全心全意，善始善终；对待工作总能做到一丝不苟。力求完美是一名优秀员工必备的特质。

现代社会中，由于经济高速发展，工作机会很多，因此常有企业招募员工，但是你千万不要以为到处都有机会，而对目前的工作漫不经心，也不要因为不怎么喜欢目前的工作而成天混日子。每一个职场中人，都应该磨练和培养自己一丝不苟的精神，因为无论你将来处于何种位置，做何种工作，敬业精神都是你走向成功最宝贵的财富。

3. 业精于勤

美籍华人丁肇中教授为了探索物质世界的奥秘，常常废寝忘食地做实验。经过长期潜心研究，他终于发现了丁粒子，从而获得了诺贝尔奖。

4. 竭尽全力

无论做什么事，都必须竭尽全力，因为它决定一个人日后事业上的成败。一个人一旦领悟了全力以赴地工作能消除工作辛劳这一秘诀，他就掌握了打开成功之门的钥匙了。能处处以主动尽职的态度工作，即使从事最平庸的职业也能赢取老板的赏识。

从这一点来说，对工作竭尽全力的员工，是老板最倚重的员工，也是最容易成功的员工。如果你的能力一般，全力以赴可以让你得到更好的发展；如果你十分优秀，全力以赴会将你带向更成功的领域。

5. 每天多做一点

你没有义务去做自己职责范围之外的事，但是你可以选择自愿去做，以驱策自己快速前进。率先主动是一种极珍贵、备受看重的素养，它能使人变得更加敏捷，更加积极。

无论你是管理者，还是普通职员，“每天多做一点”的工作态度能使你从竞争中脱颖而出。你的老板、委托人和顾客会关注你、信赖你，从而给你更多的机会。

6. 有始有终

做事情无法善始善终的人，其心灵上亦缺乏相同的特质。他不会培养自己的个性，意志无法坚定，无法达到自己追求的目标。一边贪图玩乐，一边又想修道，自以为可以左右逢源的人，不但享乐与修道会两头落空，还可能就此毁掉了整个人生。

总之，一个人无论从事何种职业，都应该尽心尽责，尽自己的最大努力，求得不断的进步。能够以主动尽职的态度工作，即使从事最平凡的工作也能取得成就。这不仅是工作的原则，也是人生的原则。如果没有了职责和理想，生命就会变得毫无疑义。无论你身居何处（即使在贫穷困苦的环境中），如果能全身心投入工作，最后就会获得经济自由。那些在人生中取得成就的人，一定在某一特定领域里进行过坚持不懈的努力。

第3章

切忌懈怠心理，重燃工作激情

激情是一种正能量，是工作中必不可少的强大动力。只有摒弃懈怠，注入激情，才能让你在工作中重获新生。

激情工作是职场最好的正能量

优秀员工之所以优秀，很大程度上取决于他良好的工作态度。良好的工作态度是职业生涯成败的关键所在。正所谓态度决定一切，态度更决定着你职业的高度。而这种态度就是职场正能量的最佳体现，可以说，职场正能量已经成为优秀员工职业生涯的基础要件。

据说，出身名门的野田圣子，37 岁就当上了日本内阁邮政大臣。她的第一份工作是在帝国酒店当白领。不过，在受训期间，圣子竟然被安排去清洁厕所，每天都要把马桶抹得光洁如新才算合格。可想而知，在这段日子里，圣子的感觉是多么的糟糕。当她第一天碰到马桶的一刹那，她都快吐了。很快，圣子就开始讨厌起了这份工作，干起工作来马马虎虎的。一天，一位与圣子一起工作的前辈，在抹完马桶后，居然从马桶里盛了满满的一大杯水，当着她的面一饮而尽，以此向圣子证明，经他清洁过的马桶，干净得连里面的水都可以饮用。前辈这一出人意料的举动，让圣子大吃一惊。她发现自己在工作态度方面出了问题，根本没有在社会上肩负起任何责任。于是，她对自己说："就算这一辈子都洗厕所，也要当个洗厕所洗得最出色的人。"训练结束的那一天，圣子在抹完马桶后，也从马桶里盛了满满一大杯水，自豪地喝了下去。这次经历，也成了野田圣子日后工作的精神力量和源泉。

对待工作不应有任何借口，应该保持着正能量。很难想像，一个没有正能量的员工能始终如一地高质量完成自己的工作，更别说做出创造性的业绩了。

以最佳的精神状态工作不但可以提升你的工作业绩，还可以给你带来许多意想不到的收获。

世上许多做得极好的工作，都是在热忱的推动下完成的。关键所在，是要有把工作做好的热情，并能善始善终。拉•封丹指出：“无论做任何事情，都应遵循的原则是追求高层次。你是第一流的，你应该有第一流的选择。”

工作金言

以最佳的精神状态工作不但可以提升你的工作业绩，还可以给你带来许多意想不到的收获。

问题思考

微软的招聘官员曾对一位媒体记者说：“从人力资源的角度讲，我们愿意招的‘微软人’应该是一个非常有激情的人；对公司有激情、对技术有激情、对工作有激情。可能在一个具体的工作岗位上，你也会觉得奇怪，怎么会聘用这么一个人，他在这个行业涉猎不深，年纪也不大，但是他有激情，和他谈完之后，你会受到感染，愿意给他一个机会。”

通过微软招聘官对记者说的这段话，你有什么感悟？结合微软的招聘要求，说说成为优秀员工的素质有哪些。

懈怠是一种负能量，它会让你一事无成

懈怠作为一种消极力量，是负能量的具体表现形式，它同正能量表现出来的激情截然相反。在工作中，缺乏正能量的员工，如果被懈怠这种负能量挟迫着，他内心的消极力量就会从根本上破坏他的信心、动力以及斗志，最终让他一事无成。这也是为什么这些员工虽然也渴望成功，但却总是与成功失之交臂的根本原因。

两粒种子躺在肥沃的泥土里，一起在温暖的泥土里度过了寒冷的冬天。春天到了，它们都苏醒了，并开始了下面的对话。

第一粒种子说："我才不想出头露面呢，也不想有什么贡献。你想想，我若吸收水分，就会把外衣胀破，我若向下扎根，也许会碰到硬石；我若向上生长，泥土这样厚，会弄坏我柔嫩的茎。与其这样，倒不如躺在泥土里，图个舒适，等夏天来了以后再生长。"

第二粒种子说："我要努力生长，春天是最好的季节，我一定要抓住这个机会，战胜坚硬的岩石和黏结的泥土，我要向下扎根，向上出类拔萃，让茎叶随风摇曳，让果实造福人类。"

于是，第二粒种子开始奋力生长。它破土而出，感受到了春晖的温暖、晨露的滋润。最后，它长成了一棵大树，帮助人们遮阳挡雨，它自己也享受着一种满足的惬意。而第一粒种子由于错

失了成长的最佳时机，腐烂成了泥土。

只要我们深入地思考一下，就可以发现两粒种子代表着两种员工。第一粒种子代表懈怠的员工，第二粒种子代表对工作充满热情的员工。因为他们不同的心态，所以造就了不同的人生。试想一下，面对两个心态不同的员工，一个勤奋主动、热情进取，像一个上满发条的钟表一样为公司工作；另一个却总拖拖拉拉、散漫懒惰，像只泄了气的皮球一样见工作就躲。如果你是老板，你会喜欢哪种员工呢？

齐藤竹之助刚成为保险推销员的时候，曾向“五十铃”汽车公司推销企业保险，但连续拜访了好几次都无功而返。但他并没有放弃，仍然不懈地尝试着。

后来，齐藤竹之助把目标放在了一个人身上，那就是该公司的财务课长。他相信，只要取得了这位课长的同意，完成销售就轻而易举了。但是，这位财务课长根本不给他见面的机会，还总以各种理由搪塞他，所以他的销售工作一直无法得到进展。对此，同事们都劝齐藤竹之助放弃，说这是一个非常难啃的骨头，你是啃不下来的。但齐藤竹之助依然没有气馁，他一边继续电话约访，一边找机会登门拜访。

一个多月后，对方终于被他执著的精神打动，同意见他。于是，齐藤竹之助有了向这位课长展示详细保险方案的机会。谁知财务课长刚听了一半就说：“这种方案，不行！”然后转身离开了。

齐藤竹之助十分无奈，但他仍满怀希望地对方案进行了反复地修改和完善。第二天上午，他又一次拜访了这位财务课长，对方再次用冰冷的语调说：“你不要再浪费时间了。这样的方案，无论你重新修改多少次都没有用，因为我们公司根本就没有足以支付这笔保险费用的预算。”

> 被一次次地拒绝之后，齐藤竹之助反而下定决心，一定要拿下这张保单。从此，他开始了长期的、艰苦卓绝的推销访问。他从家里到那家企业，来回一趟需花费 3 个小时，一日又一日，他抱着厚厚的资料，怀着“今天肯定会成功”的信念，不停地来回奔走。
>
> 就这样，他前后大约跑了 300 次，整整持续了 3 年。每一次快要坚持不住的时候，他都以“成为日本首席推销员”的目标激励自己。皇天不负有心人，3 年后，他终于成功签下了这家公司的保单，并与这家公司建立了长久的合作关系，他也如愿成为了“日本首席推销员”。

齐藤竹之助的成功不是偶然的，应该说是必然的。因为他身上有着太多的正能量，坚持、积极、自信、不妥协等。正是这些强大的正能量让他从不懈怠，始终满怀信心朝着“日本首席推销员”的目标一步步迈进，并最终取得了成功。如果是你，你会像他一样，无论遇到什么困难，都不放弃对目标和梦想的坚守吗？

老板喜欢那些在工作中充满了热情和积极态度的员工，因为他们的那种阳光心态，能够使周围的人身心愉悦，积极而上进。很难想象，一个内心充满懈怠情绪的人能取得什么大的成就。

无数的事实证明，一个人的成就通常不会超过他的真实期望。如果你期望自己在工作中能够取得成就，那么，你必须摒弃懈怠情绪，并强烈要求自己干一番大事，要用积极肯定的声音对自己说：“我要成功，我一定会成功！”这种积极肯定的声音就是正能量赐予你的激情。它可以让你战胜懈怠的负能量，使你避免一事无成的凄凉结局。

工作金言

如果你在工作中习惯于“等待命令”，那你身上已经出现了懈怠的负能量。

问题思考

马浩是负责山西区域的一位业绩出色的电器销售经理，但是最近几年他却一直没有得到晋升。因为在领导眼中，马浩是一个“有他不多、没他不少的人”。对于这样高不成低不就的状态，马浩在心理上是非常不平衡的，他认为自己在公司受到了不公正待遇，因为他不是公司内部元老们的亲戚，所以，他开始对自己的工作充满了懈怠情绪。他的好朋友王庆劝他应该振作起来，用最大的热情来对待工作，等他做出更大的成绩后，经理一定会重视他的。

但马浩听了后直摇头，他非常伤感地说道：“哦，不必了，你也不用劝我了，即便我把公司制造的家用电器全部卖掉了，他们也不会理我的。我知道那帮人是怎么想的。”就这样，马浩一直对工作提不起兴趣，得过且过，最终被公司辞退了。

如果你是马浩，在面对同样的情景时，你会如何做呢？是继续懈怠还是依然充满热情？结合这个故事，说说你的看法。

别让“混日子”蚕食了你的前程

对于员工来说，“混日子”是一种缺乏责任心的表现，这种凡事得过且过的心态，就是工作中的一种负能量，它不仅会影响员工自身的成长和进步，还会严重阻碍企业的发展。因此，员工绝对不可以抱有一种“混日子”的心态，否则不仅会给企业带来损失，更重要的是使自己错过了很多成长和晋升的机会，甚至有可能被企业淘汰。所以，有远见的员工都应该积极提升自己身上的正能量，坚决摒弃这种“混日子”的负能量。

张雷强毕业于某大学工业制造专业。刚毕业的他曾经得到一个在工业制造企业工作的机会。刚开始他还能认真工作，但是面对着机械重复的工作，在工作半年后，他便失去了积极工作的热情，开始得过且过起来。

刚开始的时候还可以蒙混过关，后来企业进行绩效评估制度改革，实行计件工作制度，由于没有认真工作，张雷强达不到企业要求的工作量，即使有几次能勉强达标，也有许多不合格的产品。最后，张雷强被企业辞退了。

后来，他又陆续找了几份工作，都是因为他“混日子”的思想复发，一次次被辞退。在经历了这几次工作的打击之后，他的意志更加消沉，对未来的人生之路，他已经彻底绝望了。

张雷强的结局，是职场中一些工作人员的真实写照。“混日子”是危险的，它会让你陷入无法自拔的消极状态之中，使你的心性受到蒙蔽，无法认识到工作的重要性，以至于让这种不作为的时光蚕食了你的生命。

如果你能意识到“混日子”心态是工作中的一种负能量，并杜绝这种负能量在自己身上出现，以积极的正能量来严格要求自己，那么，你的事业将会得到更广阔的发展。

陆明是一名技术人员。在刚来到这家企业的时候，他就发现，这家企业虽然规模很大，但是生产效益却并不高。经过仔细观察，他发现是员工们的“混日子”心态造成的。于是，他暗自告诉自己不要与这些人为伍，自己一定要认真负责。即使工作枯燥单调，他也没有像老员工那样得过且过。他兢兢业业地完成着自己分内的事情，还积极为企业的发展出谋划策，向上司反映工作中出现的问题。

他总是第一个来到公司，最后一个离开公司。正是这种实干精神让他的工作效率大大提高，他也因此得到了上司的好评。就这样，陆明在这份工作岗位上一干就是三年，由于他的任劳任怨，工作劲头十足，企业的上层领导发现他是一个不可多得的人才，便将他提拔为车间主任。

陆明在担任主任之后，开始对车间进行大刀阔斧的改革。他对厂规进行了更改和完善，并同那些有着“混日子”思想的员工进行谈话，从而杜绝了这种“混日子”思想的蔓延。此后，他所在车间的工作效率得到了大幅提高，员工们的工资也不断翻番，最终实现了企业和员工之间的双赢。

陆明的成功便是依靠对事业的执著和对工作负责这些正能量。工作中的“混日子”是因为对工作没有激情，没有目标，没有方向，以至于没有动力。

对于员工来说，不管你对自己的工作有没有兴趣，只要你还从事着这份工作，就应该做好自己的职业规划。有明确的发展目标，才不会浑浑噩噩地在工作中“混日子”。因为工作是我们生活中极为重要的一部分和一个必然的过程：要满足自己的生存所需，需要工作；想要获取丰富的物质生活，需要工作；要提高自己的竞争能力，想让自己的人生更加有意义，更需要工作。

总之，我们要杜绝“混日子”的思想，防止负能量来蚕食自己的生命。以一种积极的心态来对待工作，以高度敬业的责任感去努力工作，去追求更大更高的目标。

工作金言

你对工作得过且过，成功也会对你得过且过。

问题思考

小赵是一名重点大学的学生，毕业后满怀激情的他不得已成为了一家纸品制造公司的普通员工，这个变化让小赵非常失落。他总认为自己的才能完全可以胜任中层管理以上的职位，然而残酷的现实将他的梦想击得粉碎，以至于他有些厌恶自己这个“普通职员”的身份。从此，他对自己不再严格要求，不再努力进取，对本职工作采取一种无所畏的态度，认为工作无论做好做坏都是个小职员，看不到出头之日。

在这种想法的驱使下，小赵迷茫地混过了一天又一天。即使他工作了5年，薪水却从不见涨。每当看到别人升职加薪时，他很着急，心理渐渐变得不平衡了。有一天他终于忍不住了，当面向老板抱怨。老板说：“你在公司待了5年不假，但你这5年都是在混日子，你的实际工作经验其实1年都不到，能力也只是新手的水平。”

对于这个案例，你有什么看法？你在工作中是不是也存在着“混日子”的现象？你有没有意识到它的危害性？请把你的答案写下来。

自我调整，让热情点燃工作的激情

不论我们从事的是什么样的工作，如果没有倾注全部的热情，都很难将它做好，也很难在某一领域做出骄人的成绩。因为热情对于一个职场人士来说，就如同生命一样重要。如果你失去了热情，那么你永远也不可能在职场中立足和成长。

一个人如果能在工作中始终保持着高度的热情，他就能把全身的每一个细胞都调动起来去完成自己热爱的工作。

某单位接到通知，总公司的领导要来本单位视察工作。该单位负责人约翰逊在接到通知后，立即展开了迎接视察的准备工作。他把汇报材料的工作交给了实习秘书吉姆，要求吉姆把单位的基本情况总结一下。

对工作充满热情的吉姆接到任务后便开始了精心的准备。他不但把单位的员工情况、地理位置、建筑布局做了一番整理，还把单位的销量做了统计：包括最近几年的日均销量、月销量、季度销量、年销量，还做了各个时间段上的同比和环比统计，然后又把财务状况、员工培训情况、获奖情况、企业文化建设状况、设备状况，甚至周边竞争对手现状都做了详细的统计。最后，他把这些资料做成PPT文档，并在文档的开头和结尾加上了一些礼节性的文字，交给了约翰逊。

约翰逊看到这些材料非常惊讶，这份材料的详尽和周密完全超出了他的意料，甚至有些内容连他都没有考虑到。约翰逊对吉姆说："你做得非常棒，不过，我还想请你帮我一个忙。明天总公司的领导就要来我们单位视察，你能不能代表我们单位为领导做个工作汇报呢？"吉姆感到这对自己来说是个难得的机会，就答应了。

下班后，吉姆又为工作汇报的事开始了一系列的准备工作。他花了两个小时时间将所有的数据记熟，然后一遍又一遍地对着镜子练习，不断地改进自己的动作和神态，直到自己满意为止。

第二天，吉姆为视察的领导做了一番详尽的报告。面对总公司的高层领导，只是个实习秘书的吉姆言谈自若，有问必答，且回答问题时也是不卑不亢，面面俱到。吉姆的出色表现赢得了领导的好感，领导不住地点头微笑，以表示自己的满意。

最后，在视察工作即将结束时，领导表扬了约翰逊的管理成绩，又格外表扬了吉姆，说这是他听过的最出色的工作汇报。吉姆谦虚地说："多亏公司的支持和约翰逊的领导，我们单位才能取得这样的成绩，有了这样的成绩作为基础，我们才能向您做这样的汇报。"

吉姆的一番话博得了视察团的掌声。领导临走时又看了看吉姆，对周围的随行人员感叹道："这个年轻人，前途无量啊！"

接下来的半年中，吉姆又靠着自己无限的工作热情，屡屡受到公司领导的表扬，并受到大力提拔，成了总经理办公室的秘书。

吉姆之所以能够成功，就在于他拥有热情这种正能量，这促使他能够积极全面地开展工作，而不是一味遵照领导的指示去应付差事。他靠着自己的热情，把每一项工作都做到超出领导的期望，把每一个细节都做到无可挑剔的程度，所以，他升职加薪是再正常不过的事情了。

不过可惜的是，有一些员工，他们在工作的时候，只是抱着一种无所谓的敷衍态度，所以他们无法在工作中取得成就，最后不得不被他人超越，甚至被淘汰。

我们应该时刻记住，热情是一种正能量，它是战胜所有困难的强大力量，它使你保持清醒，使你全身所有的神经都处于兴奋状态，去进行你内心渴望的事；它不能容忍任何有碍于实现既定目标的干扰。当你真正拥有了这种正能量，你就可以“把工作做得超乎别人的想象”，这也将成为你的事业征途中的制胜之道。

工作金言

如果你不能使自己充满热情地投入到工作中去，你无论做什么工作，都可能沦为平庸之辈。

问题思考

“钢铁大王”卡内基年轻时曾在一家公司就职。有一年，公司准备开拓一个新市场，由于新市场选定在一个非常偏僻的地方，而在这样的地方开辟市场是一件相当困难的事，因此没人愿意接受这个艰巨的任务。

无奈之下，公司的负责人只好派卡内基去执行这项任务。卡内基接到通知后不仅没有任何怨言，反而怀着极大的热情带着公司生产的产品样本就出发了。

经过3个月的努力，卡内基终于让公司的产品站稳了脚跟，还预言那里的市场有更大的发展潜力。

当卡内基把这个令人振奋的消息带回公司时，人们惊奇地问他是如何看到那里的开发潜力的。卡内基说：“其实我也没有看到潜力，但我热爱这份工作，所以我总是尽最大的努力将它做好，结果我就成功了。”

从卡内基的话中，你悟到了什么？你在工作中有没有靠自己的热情和努力战胜困难的经历？

主动出击，让梦想融入工作目标中

那些主动把梦想融入工作目标中，并为了这个梦想拼搏奋进的员工，他们无疑将会成为优秀的、成功的员工。因为这种包含着正能量的行为方式，能够使人目标明确，在拼搏的过程中可以借助梦想为自己提供源源不断的精神动力。反之，对于没有理想和目标的人来说，他的人生就像一个没有燃料的发动机，因为缺乏足够的能量，永远不能运转起来，也就永远不可能取得巨大的成功。

有一位商人经过一个建筑工地，他看见3个建筑工人正顶着炎炎的烈日在干活。他走上前去问其中的一个工人："你在做什么？"工人A有气无力地回答："你没看见吗，我在受罪！"接着他又问第二个工人同样的问题，工人B回答："我在盖房子。"当他问第三个工人时，他听到了一个愉快的回答："我正在建设一项伟大的工程，用不了多久，我就能把这片荒地变成一栋美丽的别墅。将来，我还会设计出更多的别墅。"商人听后带着赞赏的表情点了点头。

10年过去了，当年的工人A仍是一个建筑工人，依旧在炽烈的阳光下有气无力地工作着；工人B成了一名包工头；工人C成了一家知名建筑公司的经理兼设计师。

对于工人A、B、C不同的人生，你有什么看法？

有人可能会说，工作就是工作，和梦想有什么关系，我只要做好自己的工作就可以了，没有必要将梦想和自己的工作目标联系在一起。诚然，做好自己的工作尽管很重要，但若缺乏主动性的支持，最多也只能完成常规的任务。如果你在工作中具有了主动性，那你就有了实现梦想的动力，靠着这种动力就可以轻易地把你的工作情绪调动起来，使你能够自愿地用眼去观察，用脑去想、分析、辨别，让自己每个“零件”和谐地工作，继而推动“机器”完美地工作。

因此，要想让自己的事业能够有一个质的飞跃，就必须把自己的梦想和工作目标有机地结合起来。只有这样，我们才能既保持奋斗的激情，又保持自我约束的理智，从而更高效、更快速地接近自己的人生目标，收获丰富、充实的人生。

工作金言

我们应该让梦想变成自己的工作指南，为自我价值的实现提供源源不断的正能量。

问题思考

1999年，美国第一大零售商凯玛特开始显露出走下坡路的迹象。在这之前，有一个关于凯玛特的故事被广泛流传。

在1990年的凯玛特总结会上，一位经理认为自己犯了一个“错误”，他向坐在他身边的上司请示如何更正。这位上司不知道如何回答，便向自己的上司请示：“我不知道，您看怎么办？”而上司的上司又转过身来，向他的上司请示。小小的一个问题，就被推到了总经理帕金那里。帕金后来回忆说：“真是可笑，没有人积极思考解决问题的办法，而宁愿将问题一直推到最高领导那里。”

2002年1月22日，凯玛特正式申请破产保护。

凯玛特破产的根本原因是什么？如果凯玛特旗下的所有员工都具备了无穷的正能量，能够积极、认真地解决问题，凯玛特破产的命运是否会得到改变？结合这个故事，说说你的看法。

正能量加油站：永远保持昂扬的工作姿态

刚进入公司的员工，自觉工作缺乏经验，为了弥补不足，常常是早来晚走，斗志昂扬。就算是忙得没时间吃午饭，员工们依然很开心，因为工作有挑战性，他们的感受也是全新的。

这种工作时激情四射的状态，几乎每个人在初入职场时都经历过。可是，这份激情来自对工作的新鲜感，以及对工作中不可预见问题的征服感，一旦新鲜感消失，工作驾轻就熟，激情也往往会随之消失。一切开始归于平淡，昔日充满创意的想法无影无踪了，每天的工作只是应付了事。既厌倦又无奈，不知道自己的方向在哪里，也不清楚究竟怎样才能找回曾经的激情。由于缺乏工作热情，在面对工作中的困难时，你总用各种借口逃避、拖延，得过且过。在老板眼中，你也由一个前途无量的员工降到了一个还算称职的员工。所以，要想让自己正视这种缺点，在面对问题时保持昂扬的态势，就必须拥有一种正能量——持续不断的工作热情。

迪克最初替汽车制造商尼古拉工作时，只是负责一些琐碎的工作，但是，他并没有因为职务低下而降低自己对工作的热情。同时，他靠着自己的工作热情获得了尼古拉先生的青睐。如今，他已经是尼古拉先生的左膀右臂，并且担任尼古拉手下一家汽车经销公司的总裁。

迪克之所以能够如此快速地获得职位的提升，是靠着他对待工作的热情。迪克对于工作热情的培养，有着自己独特的方式。他每天早上起床后，都会对自己说，又是美好的一天，我将在我热爱的工作中度过。

除了精神方面的激励，他还会告诫自己要在工作中不断发现工作的乐趣，他每天都会制订各种工作计划和目标，要求自己比昨天有所进步。

当他刚去尼古拉先生的公司上班时，他就注意到，当所有员工每天下班回家后，尼古拉先生仍然在办公室内待到很晚。因此，他为了学习尼古拉先生身上的工作热情，每天下班后也继续留在办公室里学习或看资料。

从那以后，尼古拉在需要人帮忙时，总能发现迪克就在他身旁。于是尼古拉先生养成了随时随地招呼迪克的习惯，因为迪克自动地留在办公室，使自己随时可以找到他。渐渐地，尼古拉开始对这位年轻的员工欣赏有加，并不断地把重要的任务交给他去负责，因为他身上有着和自己同样狂热的工作热情。

激情是实现愿望最有效的工作方式。如果你能够让人们相信，你的愿望确实是你自己想要实现的目标，那么即使你有很多缺点别人也会原谅你。只有那些对自己的愿望有真正热情的人，才有可能把自己的愿望变成美好的现实。

那么该怎样培养自己的激情呢？

1. 对工作保持新鲜感

保持对工作的新鲜感是保证你工作激情的有效方法。可是这谈何容易，不管什么工作都有从开始接触到全面熟悉的过程。

（1）改变对工作的单一认识

改变工作只是一种谋生手段的认识。把自己的事业、个人价值的实现和目前的工作联系起来。

如果认识不到工作的真正目的，工作只是为完成任务，那么自然少了一份激情，多了一份懈怠。要不断激发热情，让工作更富活力。

（2）不断确立新的目标

清楚地写下你的目标、达到目标的计划，以及为了达到目标愿意做的付出。

立即执行你的计划。

正确而且坚定地照着计划去做。

（3）挖掘新鲜感

每天都是新的开始，每天都有新的收获。

切勿在过完一天之后才发现一无所获。你应将热忱培养成一种习惯，而习惯需要不断的补给。

2. 保持积极的心态

随时保持积极心态，在充满恐惧、嫉妒、贪婪、怀疑、报复、仇恨、无奈的世界里不可能出现热忱，热忱需要积极的思想和行动。

成功的人很少，但失败和庸碌无为的人却很多，而且，成功者越活越充实、潇洒，而失败者却过着空虚、艰难的生活。能否唤起心中的热情，拥有积极的心态，很大程度上决定了一个人的成功与否。

3. 对一切充满热情

松下幸之助常常对处在各个岗位上的负责人这样说："在你的部门，有种类繁多的工作。那么多的工作，即使你是部长，你也不可能什么都会做。甚至有时候就某一项工作来说，你的部下更有才能；在别的什么方面，他比你更了不起。所以，你作为负责人、领导者，不是每个方面或在专业技术上都能指导别人的。然而，由于你处在领导的地位上，你还必须领导，必须管理。在这种情况下，什么是重要的？那就是对你所在部门的经营要比谁都更有热心，不能亚于任何人。知识、才能不及人家是常有的事，但是，做好几项工作的热情你应该是最高的。这样大家会行动起来。如果不具备这一点，做部长就不合格了。"

4. 自己创造工作成就感

为自己的工作设立一级一级的小目标，在你解决了一个又一个问题后，自然就产生了一些小小的成就感，这种满足后的感觉就是让你时刻充满激情的最佳良药。

如果工作太简单了，没有挑战性，激发不起热情；工作太难，能力不够，这种差距容易使人自信心受挫，丧失工作热情。选择与自己能力相符的工作是很必要的。

如果你遭遇到失败，应再仔细地研究一下目标，必要时应加以修改，让你的小目标是一种“跳一跳就能够得着”的目标。

总之，一名优秀的员工总会给人这样的感觉：

每当他走进房间，他都是容光焕发，好像生活又焕然一新；他热情活泼，乐观开朗，总是非常振奋人心；他不管在什么场合，做什么事情，都是尽其所能、全力以赴；他对一切事情都尽心尽力。

充满激情是工作成功的要素之一，全身心地投入到工作中，用激情创造辉煌吧！

第4章

只为成功找方法，不为失败找借口

优秀的员工从不抱怨问题，他们只热衷于解决问题。因为他们知道，在工作中，领导欣赏的是拿着结果来复命的员工，而不是那些总是为困难找借口和为失败找理由的淘汰型员工。

没有解决不了的问题，只有解决不了问题的人

人是制造问题的好手，更是解决问题的专家。日本著名企业家松下幸之助也曾说过："一个企业的核心竞争力，就是其发现和解决问题的能力，而一个员工的能力在于能否把问题化解掉。"不容置疑的是，无论在任何企业中，领导欣赏、看重的都是那种问题解决型的员工，而不是那种总是抱怨问题无法解决的员工，因为问题解决型的员工，他们身上有着一种强大的正能量。

海尔发展初期，海尔集团的首席执行官张瑞敏为了发展海尔整体卫浴设施的生产，1997年8月，他把33岁的魏小娥派往日本，让她学习世界先进的整体卫生间生产技术。在学习期间，魏小娥注意到，日本人试模期废品率一般都在30%～60%，设备调试正常后，废品率为2%。

魏小娥问日本的技术人员："为什么不把合格率提高到100%？"日本人反问："100%？你觉得可能吗？"

从对话中，魏小娥意识到，达不到100%和日本人的能力无关，他们的能力完全可以达到这个，但由于他们思想上的桎梏，使他们觉得98%的标准是理所当然的事情。作为一个海尔人，魏小娥的标准是100%，要么不干，要干就要争第一。于是，在日本学习期间，她拼命地利用每一分每一秒的时间来充实自己。一个月

后，她带着先进的技术知识和赶超日本人的信念回国了。

半年后，日本模具专家宫川先生来华访问并见到了魏小娥。此时她已经是海尔卫浴分厂的厂长。面对操作熟练的员工、一尘不染的生产现场和 100% 合格的产品，他惊呆了，反过来向魏小娥请教："有几个问题曾经使我绞尽脑汁地想办法解决，但最终没有成功。100% 的合格率是我们想都不敢想的，对我们来说，2% 的废品率、5% 的不良品率天经地义，你们是怎样提高产品合格率的呢？日本卫浴产品的现场脏乱不堪，我们一直想做得更好一些，只是难度太大了，你们又是怎么做到现场清洁的？"魏小娥简单地回答道："用心。"她的回答又让宫川先生大吃一惊。

原来，从日本学习归国之后，魏小娥便开始重点抓卫浴分厂的模具质量工作。在实践中，她把 2% 放大成 100% 去认识。她在产品上发现了不易察觉的黑点，马上召集员工商量对策。她说："这些有黑点的产品万一流向市场，就会影响海尔的美誉度，用户能拿着放大镜、听诊器去买冰箱，也会拿着这些东西来买卫浴设施。所以，既然是'白壁'就不能有'微瑕'，产生这个小黑点的原因就是我们的现场没有做到一尘不染。"

为了解决车间一尘不染的问题，魏小娥废寝忘食地寻找对策。有一天，她看见女儿正在用卷笔刀削铅笔，铅笔的粉末都落在一个小盒内。魏小娥豁然开朗，顾不上吃饭，在灯下画起了图纸。第二天，一个专门收集毛边的"废料盒"诞生了，压出板材后清理下来的毛边直接落入盒内，避免了落在工作现场或原料上，也就有效地解决了板材的污染问题。

还有一次，魏小娥在原料中发现了一根头发，这无疑是操作工无意间掉进去的。一根头发丝就是废品的定时炸弹，万一混进原料中就会出现废品。魏小娥马上要求大家统一剪成短发，并给所有的车间工人统一制作了白衣和白帽。

不管是工作日还是节假日，魏小娥紧绷的质量弦从来没有放松过。最终，2% 的责任得到了 100% 的落实，100% 这个被日本人认为是“不可能”的产品合格率，魏小娥做到了。1998 年 4 月，海尔在全集团范围内掀起了向魏小娥学习的活动，学习她“认真解决每一个问题的精神”。

在职场中，如果我们都能够像魏小娥这样用心、认真地解决问题，也一定能成为第二个“魏小娥”。很多时候，能不能解决问题，不只是能力问题，还是一个态度问题。积极的工作态度，就是一种解决问题的正能量，它可以使人有更加强烈的责任意识，可以使人从平凡迈向优秀，从普通走向卓越。

何况，公司安排你这个职位，是为了让你解决问题，而不是听你关于困难的连篇累牍的分析。那些优秀的员工之所以优秀，就是因为总是一心一意地解决问题，他们不会惧怕问题，敢于面对问题以及认真地解决问题，并将问题当做能力提升与发展的好机会。

所以，在工作中，我们每个人都应该发挥自己最大的潜能努力地工作，而不是浪费时间去寻找借口。只有摒弃这种问题无法解决的负能量，我们才能获得解决问题的正能量，才能成为优秀的员工。

工作金言

你要么成为问题的一部分，要么成为解决问题的办法的一部分，但是，选择后者才是出路。

问题思考

迪士尼公司把一首传统歌谣《高飞问丽莎》改编成了一个故事，其中有这样一段故事。

高飞问丽莎，怎么处理一个漏水的桶。丽莎答道：“那就补起来吧！

亲爱的高飞。”高飞听了，立即又问：“亲爱的丽莎，我用什么来补呢？”

丽莎对高飞不动脑子的提问，心中很是不满，但还是耐心地说：“亲爱的高飞，用稻草吧！”

可是，高飞说，稻草太长。丽莎只好不断地给予高飞指示，而高飞却依然不断地提出各种问题。最后，丽莎告诉高飞，去提一点水来，好弄湿一块石头，磨快一把刀，去割断那些太长的稻草。

可高飞还在问：“我用什么来提水呢？亲爱的丽莎。”

丽莎建议高飞用水桶提水，可高飞却说：“可是，亲爱的丽莎，我的水桶破了一个洞，怎么能提水呢？”

高飞的问题又回到了原先的起点。

乍一看，我们或许会觉得故事中的高飞很可笑，但他其实是职场中一种类型员工的映射。那么，他代表了职场中哪种类型的员工？这种员工最后的结局又会怎样呢？结合这个故事，思考以下两个问题，并写下你心中的答案。

问题一：你属于问题解决型的员工吗？如果不属于，那你准备如何改变自己？

问题二：“世上无难事，只要肯登攀。”把这句话运用到工作中，它阐释了一种什么精神？

第一时间面对问题，才能快速解决问题

在职场中，无论你是负责执行、完成任务的普通员工，还是负责协调与指挥的管理人员，都难免会在工作中遇到一些问题。而面对问题，并设法解决问题，恰恰是工作的本质内容与核心。就像松下幸之助所说的：“优

秀的员工懂得第一时间面对问题，并以最快的速度解决问题。”如果你想成为一名优秀的员工，就应该做到这一点。

戈斯泰罗是一名加拿大的退役军人，退役后他搬到了尼亚加市，并且马上出去寻找工作，最终在一家水电委员会的下属企业里当了一名机械师。

由于他在军队里就是一名出色的机械师，加之他勤劳肯干，因此颇得经理的欣赏。工作了一年后，经理找到了他，说："亲爱的戈斯泰罗，有个天大的好消息要告诉你——你升职了！由于你出色的表现，现在我任命你为班长，专门负责厂里重型机械的操作与管理。"

新的职务让戈斯泰罗的心境产生了很大的变化。他曾是一个快乐的机械师，但当班长，对他来说，却是个大难题。身上的重任压得他几乎透不过气来，焦虑无时无刻不在困扰着他，不管他是醒着，还是睡着了，也不管是在企业里，还是在家里。渐渐地，他开始抱怨起来，并时常会向同事抱怨自己的压力过大，甚至出现了消极怠工的现象。

终于有一天，他最害怕的事发生了。一天早上，他正朝砾石坑走去，那里本应该有 4 台牵引车带动 4 台巨大的削刮机在工作。但非常奇怪，四周静悄悄的。很快他就明白了：4 台巨型牵引车全坏了，如果不及时修理，将会给工程带来很大的损失，弄不好还会造成人员伤亡！

当时他心急如焚。但此时，他突然意识到自己的抱怨一点用都没有，甚至拖延下去还可能出现更糟糕的结果，这不仅不会使问题消失，还无法推卸掉自己的责任。于是，他立刻把 4 台牵引车全坏了的消息告诉了经理，然后等着经理的训斥。

可是出乎他的意料，经理没有大发雷霆，只是转过身来，脸上挂着微笑，看着他说了一句非常简单的话："修好它！"听了这句话，戈斯泰罗所有的忧虑、害怕、担心全部都烟消云散了，他马上走了出去，抓起工具，开始专心致志地维修那几台牵引车。从那以后，他不再抱怨工作了，而是一有空就去现场视察，一有问题就立刻解决掉。

半年后，戈斯泰罗已经成为项目经理了。他在一次新员工誓师大会上说："优秀的员工，只为成功找方法，不为失败找理由。他们对待工作中出现的问题，势必会第一时间面对，从不推卸和拖拉，所以才能以最快的速度解决问题，这也是他们的制胜之道。"

机器坏了，你就修好它，问题出现了，你就解决它。成为优秀员工的方法，没有多么神奇，其实就是这么简单。

俞敏洪告诉他的学生："所有的问题必须在它萌芽中学会解决。"马云要求他的团队："把一切困难解决在第一时间。"有再多的困难，再多的问题我们也不能回避，不要犹豫，迎难而上，那么问题就会识趣地主动消失。只有勇敢地面对问题，并且是第一时间面对问题，才能以最快的速度解决问题，才能将问题带来的损失降到最低。

有一个糖果商人，虽然拥有自己的糖果厂和经销部，但由于规模太小，加上各大厂商的激烈竞争，生意非常萧条。有一天，他召集手下的员工开会，在会议上，他对员工说："我们一定要尽快打破销售额过低的局面，因为这关系着公司的生死存亡。如果大家不努力，那饭碗就保不住了。"

听了厂长的话，有的员工开始抱怨，有的员工开始思考如何打破销售僵局。在员工队伍中，有一名员工叫杰里。有一天，他实在是想不出好办法，就一个人到街上瞎转悠。他看到一群孩子正在玩游戏，就凑过去看了看，很快他就被孩子们的游戏吸引住了。

那些孩子们在做一个“幸运糖”的游戏，规则是：把一些糖果平均放在几个口袋里，由一个人把一颗大家选出来的“幸运糖”随意放进其中的一个口袋里，然后所有人再随意选一个口袋，从中拿出一个糖果，如果谁有幸拿到“幸运糖”，他就是皇帝，其他人都是臣民，皇帝能享受特权，每人要上供一颗糖给他……看完这个游戏，他的脑子灵光一闪，想出了一个挽救企业的办法。

当时，糖果的价钱只要1分钱，杰里建议厂长把自己的糖果改名为“幸运”，并在糖果包里包上1分钱作为“幸运品”，如果谁有幸买到装有钱币的糖果，就可以免费得到里面的钱。而在其他的糖果包里放上众多可爱的小动物形象作为奖励。并且，杰里建议厂长投放大量的广告，在报纸、电台打出口号：“打开，它就是你的！”把“幸运”糖果描述成是一种能给人们带来幸运和惊喜的物品。

果然，由于方法奇特新颖，又抓住了孩子们的心理，“幸运”糖果一时间闻名全国，销量也迅速涨了几百倍，杰里的企业也迅速成为糖果业的大佬。

最后，杰里因为自己杰出的贡献，被厂长提拔为副厂长，管理厂里的所有事情。在一次就职仪式上，杰里说：“有人把我们今天取得的成就视为一种奇迹，这其实是不对的。我们的成功，是因为我们发现了取得成功的捷径。我们以往处境艰难，那是因为我们不懂得面对问题，我们缺乏解决问题的经验。今天，我们通过自己的努力，终于找到了取得成功的捷径——要想快速解决问题，就得迅速面对问题，找到问题存在的根源，把问题解决在萌芽状态……”

如果厂长能第一时间发现糖果无法卖出是因为自己的产品平庸、缺乏引人关注的亮点这个问题，并迅速提升产品特色，解决产品平庸的问题，那他的企业就不会濒临倒闭；而杰里无疑是一个优秀的员工，他不仅能从正确的角度分析问题，同时还能深入“前线”去调查取证，因此才抓住了问题的根源，并运用创新型的营销方式使工厂避免了倒闭的厄运。

只有第一时间面对问题，才能以最快的速度解决问题。这就需要我们能有一种勇敢面对问题的正能量，只有在这种正能量的激励下，我们才能发现问题，面对问题，解决问题，才能让自己成为一名优秀的员工。

工作金言

问题无法回避，如果不及时解决，迟早它会成为压垮你的最后一根稻草。

问题思考

一位老农的农田里，一直横亘着一块大石头。这块石头碰断了老农的好几把犁头，还弄坏了他的耕种机。老农对此无可奈何，巨石成了他种田时挥之不去的心病。一天，在又一把犁头碰坏之后，想起巨石给他带来的无尽麻烦，老农终于下决心要了结了这块巨石。于是，他找来撬棍伸进巨石底下。他惊讶地发现，石头埋在地里并没有想像的那么深，那么厚，稍使劲就可以把石头撬起来，再用大锤打碎，清出地里，老农脑海里闪过多年来被巨石困扰的情景，再想到完全可以更早些把这桩头疼事处理掉，禁不住苦笑起来。

故事中的石头代表着职场中的什么？老农的心态又代表了什么？结合你对本篇文章的理解，谈谈你的看法。

一流的员工解决问题，末流的员工抱怨困难

在职场中，我们遇到的每一个问题都蕴含着个人成长、企业进步的机会。比如，管理问题隐藏着革新的机会；人际问题隐藏着改善关系的机会；产品问题隐藏着发明的机会……只要我们能够学会迅速地解决各种问题，就一定能做出一番业绩。也就是说，谁解决问题的能力强，谁就是职场明星。正因为如此，职场上才一直流传着这样一句话：一流员工解决问题，末流员工抱怨困难。

一个公司的研发部门需要弄清一台进口机器的内部构造，尤其是这台机器中由错综复杂的一百多根弯管组成的密封部分。在没有图纸和其他资料可供查阅研究的情况下，要弄清其中每根弯管的入口和出口，是一件非常困难的事。

研发部经理找来了有关科技攻关人员。他指示，这项重要的任务要不折不扣地按时按质完成，而且花钱又不能太多。可以广开思路，从多方面去考虑，不管是洋措施还是土办法，一定要找出一个切实可行的方案来。

于是，公司的科技人员都纷纷开动脑筋，利用自己所学的知识，提出了各种各样的建议，如用光线照射、分别往弯管里灌水等。

虽然大家提出的办法都可行，但都太劳神劳力，要么花费很多财力和精力，要么占用时间过长，因此这些办法都被一一否定

了。一时间，许多人打了退堂鼓，甚至开始埋怨领导的要求太苛刻，认为不可能再有什么简单易行的好方法。

后来，这件事被公司的一位新入职员工知道了，他主动找到公司的领导说："这个太容易了，用我的廉价香烟和两支笔就行了。"说完，他把烟点着，深吸一大口，然后对着一根管子口往里吹，并在这根管子上注上"1"；让另一个人站在管子的那一头，见烟气从哪根管子口冒出来，便立刻写上"1"。其他管子依此类推，注明"2"、"3"、"4"……不久，一百多根管子的"来龙去脉"就都搞清楚了。

而这名新员工也立刻得到领导的赏识，直接转为正式员工了。

对于任何企业来说，最不缺的是挑刺、抱怨的员工，最缺的是不抱怨、积极行动并解决问题的员工。解决问题的能力是一流员工与末流员工最直接的评价标准。因为一流员工在每天的工作中展现出来的是胸有成竹、自信十足的风范，他们面对不可预期的困难总是从容不迫、干劲十足。他们从来都不抱怨遇到的困难，总能想出解决问题的方法。这样的员工是企业向前发展的动力，老板就像信任自己一样信任他们，将他们委派到最重要的岗位上。

平庸的员工正好相反，他们遇到困难时，只会抱怨，不去用心寻找解决问题的方法。他们把希望寄托于自己的老板、上司、同事，盼望着救世主的降临，好让自己事事能请教。这样的人，何时能让自己的业务能力更上一层楼？公司如何敢委以重任？升迁、加薪又如何与他有缘呢？

工作金言

人是制造问题的专家，也是解决问题的能手，每一个优秀的员工都是解决问题的专家。

问题思考

销售员郑志和潘东都在一家生产公司做销售员。一天，公司派他们两个人各自去一个比较偏远的小镇推销电饭煲。

郑志来到了公司指派的那个小镇，发现这里的居民根本没有人使用电饭煲做饭，他感到很绝望，心想，这里的居民没有一个人使用电饭煲，说明电饭煲在这里没有市场，是根本推销不出去的，公司怎么会把自己派到这个鬼地方来推销呢，一气之下，他辞职走人了。

潘东也来到了公司指派的小镇，他遇到的情况和郑志的一模一样，这里的居民也同样没有人使用电饭煲。不同的是，潘东对这个现象深感异常兴奋。他觉得既然这里没有人使用电饭煲，那说明这里的市场潜力非常巨大，基本上每个人都是自己的潜在客户，只要自己努力开发这个市场，让潜在客户明白使用电饭煲的好处，就一定可以打开这个小镇的市场。

果不其然，经过潘东半个月的努力，他成功地占领了这个小镇的电饭煲市场，并且还被公司荣升为销售主管。

你觉得如何才能使末流的员工变成一流的员工？结合这个故事，谈谈你的感想。

不尝试，永远不可能成功

很多时候，我们总是在靠自己的想象来决定一件事情的结果。殊不知，如果你持一个否定的念头，那么，你最终得到的一定是个否定的结果；如果一件事情还没有经过尝试，你就已经认定完全不可能取得成功，最后十有八九你会以失败告终。这是因为你心中的消极情绪在作祟。

在工作中，总有一些人，由于缺乏勇于尝试的正能量，所以对于工作中出现的一些难关总是充满畏惧，战战兢兢，不经过尝试就缴械投降。殊不知，我们所有的能力都是通过积累、尝试和磨炼才最终取得提升的。即便失败了，也没有关系，那只能证明此路不通。所以，面对工作中出现的问题，不要抱怨，更不要妄自菲薄，而应该激活自己身上勇敢的能量场，大步向前，勇敢地迎接困难的挑战，那时候你会发现，原来，难题并非不可击破！

因为家境贫寒，他不到20岁就离开了自己深爱的校园，成了一名衣食无着的待业青年。那时正逢经济萧条时期，要想找份工作非常困难。一家知名医药企业刚刚贴出招聘科员的告示，就引来了数十名应聘者，为了生存，他也加入了求职大军之中。

招聘者被一一编了号，他排在了很后面。求职者相继沮丧地从招聘室里走出来，说："没有大学文凭，没有两年以上的从业经验，一概不收，这条件也太苛刻了！"门外的应聘者一听，呼啦一下走了不少人。他也不符合应聘条件，可他没走。

不久，又有几名应聘者走出了办公室，说："只有年龄达到25周岁才适合这个岗位！"应聘者一听又离开了不少，但他仍然继续耐心地排队等待着。

后面的应聘者问他："你应该还不到25周岁吧？"

他点头。

那人又问道："肯定也会被淘汰的，还不如早点走好了！"

他笑着说："机会难得，即便是不符合条件，也应该试一试！"

结果不出所料，由于他各方面都不符合条件，所以理所当然地被淘汰了。但负责招聘的主任觉得他形象不错，口齿伶俐，还很有志向，就破格录用他做了一名药品推销员。成为药品推销员后，这位没有社会背景和学历的青年，凭借着自己敢于尝试的勇气，一边卖药一边考公务员，短短十年，就从普通的卖药仔一路升为香港政要。

1998 年亚洲遭遇金融危机，他敢于动用外汇金融储备干预股市，以过人的智慧、胆识及谋略捍卫了香港的金融体系。

他就是香港特别行政区第二任行政长官曾荫权。

有记者在对曾荫权进行采访时问他的成功是不是靠运气取得的，曾荫权回答说："从前人们都说从尖沙咀坐船到中环几乎是不可能的，因为水流湍急，会把你带向大海。我不相信，试过一次，意外地发现，虽然坐船到不了中环，但却可以到湾仔或西环，同样是很好的落脚点啊。凡事不要先断定结果，只要你有心尝试，不管是否如你所愿，生活总会带给你惊喜！"

纵观曾荫权传奇的一生，我们可以从他最后对记者说的那段话里找到答案。曾荫权人生的改变和成功，完全可以归功于这种"试一试"的勇气。他身上这种敢于尝试的正能量，让他在遇到困难和问题时，不抱怨，不消极，不妄下结论，而是靠着自身的努力去尝试，去探究事情最终的结果到底如何，所以他成功了。

工作中一直流传着这样一句话：没有过不去的关，只有过不了关的本领。很多问题，真的无法解决，不可超越吗？当然不是，是因为我们缺乏勇于尝试的正能量，以至于让我们的思维和主观意识束缚了我们，这也是很多员工遇到问题时为何抱怨和否定的根源所在。

其实，平庸和卓越只是一步之隔：在那扇机遇的门前，有人想着自己的各种不足，想着可能的失败，想着失败的惨状，望而却步，调头离去；有人却能够抱着"试一试"的心态和勇气，勇敢地推门而入，即使是洪水猛兽，遍布荆棘，也要开辟出自己的生活之路来。态度的不同，两者的最终结果也必不相同。

工作金言

“难”是我们拒绝努力、说服自己的最好理由，但却永远无济于事。

问题思考

有一次，海尔售后服务中心收到了一封用户来信，说自己家的冷柜出现故障，希望海尔能派人去维修。但是，或许是用户的粗心，信封上只写了“浮山”两个字，没有留下详细的地址。售后服务部的主管要求员工尽快找到这位用户，并上门维修冷柜故障。

可是，一些员工听了主管的要求后，面面相觑，有些哭笑不得：这样的线索，还需要找吗？能找到人吗？

于是，一些员工打算放弃，但海尔的部门领导并没有将这封地址不详的信置之不理，而是立即派人前往浮山，拿着这封信一家一户地打听，直到晚上才在当地民警的帮助下找到了寄信的用户，并帮他修好了冷柜。

部门领导对员工说：“很多事情，没有经过尝试、改变，请不要急于否定自己，更不要急于说不行。”

海尔集团的部门领导是靠着什么精神找到了那位用户？如果你在工作中遇到了这样的情况，你会放弃吗？

闭上抱怨的嘴，迈开做事的腿

在职场中，有一些员工喜欢抱怨。抱怨工作压力大、不被公司重视、上司苛刻等等，总之他们在工作中无时无刻不在抱怨，他们的脸上看不到笑容，总是时刻准备开口下一个可抱怨的话题。殊不知，抱怨作为负能量的一种，不仅对改变现状毫无用处，还会让人失去更高的目标和更强劲的动力，最终使自己陷入糟糕的境地而无法自拔。

某个大型企业同时录取了20名应届毕业生。经过一年的实践考核后，领导为了树立榜样，激励众多员工的斗志，从中选择了最优秀的一名员工，提拔为主管。同时还选择了比较优秀的另外两名员工——马强和何健，提升为副主管。

得到提升后的何健表现得很沮丧。何健认为：其实主管的位置应该是我的，主管并不比自己的能力强多少。他能当主管，完全是因为他吹嘘、拍马的本事强，领导也正好是喜欢听好话的无能之辈。既然自己被埋没在副主管的位置上，那就“拿多少钱办多少事吧”。想让自己协助、帮衬那个能力不如自己的溜须拍马之徒，休想！在后续一年的工作中，何健工作不主动，做事不积极，还动不动给主管颜色看。

同被提拔为副主管的马强却表现得很兴奋，但仍保持着清醒的头脑。他认为：自己的能力并不比其他人强多少，之所以被提拔为副主管，是因为上司看中自己的勤奋、虚心、敬业，是由于上司的器重和一起分配来的同学的信任，所以我应该感恩，要更加勤奋、努力，争取做得更好。公司之所以没有提拔我为主管，是因为自己的能力与主管的职位需要还有差距。在以后的工作中，马强处处向主管看齐，提升自己，缩小差距。

一年半后，主管被提升为副经理了，并推荐马强接任了主管的位置。而何健则被公司解聘了。

这个职场案例充分说明了抱怨不仅无法解决问题，还会影响自身的情绪和工作状态。如果何健当初不抱怨，而是像马强那样继续提升自己，那他不仅不会被解聘，还有可能接任主管的职位。

抱怨作为一种负能量，它会破坏我们原本积极的潜意识。只要我们的头脑中一有抱怨的意识，我们立即就会停下或者放慢手中的工作，为自己鸣不平、找借口。长此以往，不仅会导致我们工作效率更加低下，还会直接影响我们的心态。何况，没有一家企业会喜欢自己的员工整天喋喋不休的抱怨，不干实事。因为抱怨除了让员工自己的心情更加烦躁，它还像瘟疫一样会传染至整个企业，影响其他员工的工作积极性，动摇军心，伤害企业元气。

作为企业的员工，可取的态度应该是感恩企业给予自己的一切，并以实际工作回馈企业，兢兢业业、任劳任怨，努力提高自己的能力，对自己的本职工作做到精益求精，主动去找事做，为企业分忧解难。当自己想要抱怨时，不妨静下心来认真地审视一下自己，分析工作中出现问题的根源，这样，你才能避免抱怨，获得成长和进步。

总之，只要你克服了抱怨这种负面情绪，并以一种感恩的心态融入到工作中，你就完全有可能获得领导的欣赏，你所在的企业也会回馈给你一个美好的未来。

工作金言

闭上抱怨的嘴，迈开做事的腿，你一定能收获成功。

问题思考

有一位人力资源经理这样说："一个真正的职业人不应该停留在抱怨上，特别是在寻找新东家的时候。公司只要存在就肯定有不完美的地方，如果只会发现缺陷而不采取行动就没有意义。当然，也不排除采取行动而没有效果，但可作为他的工作经验来陈述，而不是抱怨。不管什么企业，录用这种情绪化明显的员工，都有一定的风险，比如说可能影响团队成员的工作热情，会降低团队的工作效率；如果让客户看到，更会影响公司形象和声誉；如果处理不当或不及时，甚至会为公司带来经济损失等。”

结合这位人力资源经理的话，谈谈你的感想。

排除工作当中的负面情绪

在工作中，我们常常会产生一些负面情绪，比如不痛快、害怕、难过、生气、挫折感、失望、后悔和孤独等，这些情绪都是正能量的大敌，它们会让我们无法专心工作，无法冷静、理智地去思考和解决问题，会对我们的职业发展造成很大的阻碍。所以，一个要想在工作取得成就的人，就必须排除那些负面情绪，积极汲取、传播正能量。

1936 年 9 月 7 日，世界台球冠军争夺赛在纽约举行。

比赛一开始，著名选手路易斯·福克斯的得分就一路遥遥领先，只要再得几分便可稳拿冠军。然而就在这个时候，他发现一只苍蝇落在了主球上，于是他挥了挥手将苍蝇赶走了。可当他俯身击球的时候，那只苍蝇又飞回来落在了主球上。福克斯在观众的笑声中觉得自己受到了嘲弄，他气恼得再一次挥手驱赶苍蝇。不过，那只苍蝇好像是有意跟他作对似的，怎么赶也赶不走。当他再一次准备击球的时候，苍蝇又一次飞了回来。这一幕，让周围的观众再次哈哈大笑。

在这种情况下，福克斯的情绪彻底失控了，他抱怨这该死的苍蝇总是故意骚扰自己，并冒失地用球杆去击打苍蝇。就在他的球杆碰到主球时，裁判判定他击球结束，他因此失去了绝杀对手的机会。

失去了绝杀对手的机会之后，福克斯心中充满了沮丧和抱怨，这些负面情绪使他方寸大乱，连连失利，而他的对手则抓住机会，越战越勇。最后，福克斯失掉了本来唾手可得的冠军之位。

比赛结束的第二天早上，人们在河里发现了路易斯·福克斯的尸体——他投河自杀了。

与其说是苍蝇导致了福克斯的自杀，不如说福克斯死于自己的负面情绪。苍蝇落在主球上，本来是一件毫无意义的小事，却让福克斯非常在意。当一切不能按他的愿望进行时，福克斯的抱怨和愤怒情绪击溃了他的理智，最终令他功败垂成；而福克斯的自杀，意味着他人生的彻底失败。可以说，这一切都是因为他不能有效地疏导自己的情绪：他不能控制自己的抱怨和愤怒情绪，导致他输掉了冠军；他不能疏导自己沮丧和绝望的情绪，导致他丢掉了性命。

有一位办公室文员，她的工作就是要处理烦琐的书信或公司来往的文件，同时她还要负责打印和抄写工作，工作非常枯燥，她也时常累得精疲力尽，所以难免会有所抱怨。不过，在经过长时间的学习之后，她开始转变自己的思考方式："这是我的一项工作，公司待我也非常好，我应该把这项工作做得更好一点。"

于是，在这种意识的驱使之下，她决定假装自己喜欢这项其实很令人讨厌的工作。从那之后，她发现一个惊人的现象：在自己假装自己很快乐，不再认为这项工作是枯燥、乏味、令人厌烦了以后，自己竟然真的每天都能开开心心地上班，并且自己真的开始喜欢这份工作了。久而久之，这种喜欢就转化为热爱，成为了她生活中的必要组成部分。

与此同时，一旦真正热爱了自己的工作之后，做起工作来也是更有效率。由于工作认真，她很快就获得了提升。现在她总是能够高高兴兴地超额完成任务，而这种心态的改变所产生的力量，却是她最为重要的发现，这也成了她向上发展的动力。

从这名文员在职场中的成长经历可以看出，她借用“假装快乐”这种正能量及时排除了工作中的负面情绪，并用这种积极的心理暗示让她爱上了自己的工作，从而实现了自己的人生价值。

所以，我们应该向这名文员那样，学会疏导负面情绪，而不是被负面情绪左右。要知道，抱怨、发怒、悲伤、狂喜、绝望，这些情绪只能让你或他人受到伤害，而对于解决工作中的问题却毫无实际意义。只有有效地疏导自己的不良情绪，才能够将自己解放出来，从而更好地规划自己的未来；只有那些善于疏导自身情绪的人，才能够抑制自身的不良情绪，从而打败残酷阴暗的现实，最终赢得美好的未来。

另外，我们最好能给自己建立一个情绪垃圾桶，随时随地把抱怨、煎熬、失望、恐惧、紧张、不满和嫉妒等装进去。该扔的扔掉了，我们的内心就能干净起来，轻松起来，从而保持一种良好的心境，让正能量真正发挥效用。

工作金言

负面情绪不但会使你难以顺利地开展工作，还会影响你的人际关系，甚至会让你疾病缠身，一蹶不振。

问题思考

据医疗机构统计，因患癌症死亡的患者当中，大约有1/3的病人死于对癌症的恐惧而非癌症本身。除了癌细胞，负面情绪正成为夺去癌症病人生命的最大杀手。人们经常可以看到，一个生龙活虎的人在被告知患上癌症——尤其是在确诊之后，他们会立刻万念俱灰，过不了几天就会形容枯槁，奄奄一息。可以说，在医院里，很多患者更需要的反而是心理医生的治疗。

结合这个统计报道，谈谈你对负面情绪的看法。

正能量加油站：每天思考半小时

思考是一种我们可以改善的能力。如果你想发挥出自己的思考潜能，你必须有强烈的意识。通过掌握思考过程运作的机理，你可以经过系统的学习和实践，使自己能更好地思考。

为自己创造思考的机会，在此基础上，对你的思考过程进行反省，以进一步提高你的思考能力。这是唯一的能改善你思考能力的有效方法。希腊戏剧家索福克勒斯曾经说过的一句话可以说是一语中的："知识必须通过行动来获得。"换言之，成为一个善于思考的人的唯一方法就是去思考。那么，每天留给自己半小时吧，去反思、去总结、去发现。

你的个人发展计划中应包括头脑的刺激与训练。就如同身体要有规律地运动才能保持强健一般，头脑也需经常锻炼。阅读是培养想像力与观察力的极佳途径。你在阅读的时候，在心中将文字转化为想像，使你更易了解书中所传达的观念。让自己成为一个贪婪的阅读者，你可以看报纸、杂志、教导自我改善的书籍、小说等。这些对于增进知识、培养观察力及更有效地运用想像力都是很有帮助的。

你是否拟订了一套计划来持续训练你最可贵的资产——你的头脑呢？每天至少要花上半小时的时间作为阅读、思考及设想未来之用。检讨自己的远程、中程及近程目标，并设定达成一定进展的时限。还要时时反省是否照预定进度在进行。有时候不妨问问自己："还有哪些有助于完成目标的资讯是我仍欠缺的？”试着将这些资讯加以搜集之后，应用于行动之中。

有句古谚说：5%的人主动思考，5%的人自认为在思考，5%的人被迫进行思考，而其余的人一生都讨厌思考。这话未必正确，却在一定程度上说明了人们有回避思考的倾向。

如果不经过思考，你可能得出这样的结论：

通过读书我知道经济正处于过热的危险之中，联邦委员会因而准备提高利率。我完全同意，但不要问我为什么。

我听说他是一个口是心非的人，因此，我不信任他。

昨天晚上的新闻节目，播了一条抗议削减社会服务机构预算的消息，从画面上和记者的报道中清楚地说明，抗议者主要是一些爱闹事的人。

有一本引起争议的关于种族问题的书，我读了一些关于它的评论，我认为这些评论者是在胡说八道。

但正确的思考者完全不同，除非他们已谨慎地对目标做过分析，否则不会接受任何权威的思想，他们会自由决定取舍，并且从取舍的过程中获得更大的利益。

你的思考无疑是你最有价值的财产。你会丧失物质上的财富，但知识却是谁也夺不走的。拥有知识，你可以把钱赚回来，重新建立一个家，买所有你想要的东西。没有人可以控制你的思想，即使是最残酷的统治者也不能迫使你去想一些你拒绝接受的事情。当你经过了审慎的考虑而决定控制你的意念，并不断地吸收一些积极的、有建设性的想法，那么你将可以掌握自己的工作前程。什么样的想法，决定你什么样的成就。

那么，在这半小时里，你要怎样思考呢？

1. 从正反两个方面来看问题

写出一个你认为最有说服力的观点，并给出使你确立这个观点的理由和根据。

接下来，写出一个与你的观点相反的观点，并给出几个可能导致他人确立这个观点的理由和根据。

然后，对问题两个方面的根据进行检查。

2. 批判地接受新观点和反面观点

与你一致的观点找根据比较容易，而要捍卫与你相反或你不同意的观点则十分困难。这是因为我们一般不注意相反的观点，而是把注意力全部放在自己的观点自己和支撑观点的理由上。当我们卷入到与持相反观点人的争论中时，我们的目的一般来说，也是想证明自己是对的，而别人是错的，而不是为了增加我们对问题所有方面的了解和认识。

当你学到一个新的观念或是未经测试的想法时，不要急着去实行，应该先就其实际应用可能会产生的情形彻头彻尾地想过一遍。

对新观点和不同的看法要做到宽容，就意味着要有很大的灵活性，随时根据新的信息或更合理的认识来改变或修正你的观点和认识。我们每个人都有支持相似信仰的倾向，然而，如果我们要继续成为一个思考者，当有足够的证据表明我们的观点不正确时，我们就必须积极地予以改正或修正。

若仔细考虑过其可行性之后，这似乎仍是个好主意时——付诸行动吧！因为将你的想法加以实现的过程，是获取经验的不二法门。

3. 以成熟的思考者做自己的楷模

作为成熟的思考者，他们应该具有活跃的、充满活力的思想。一般来说，应具备以下的特性：

宽容：在讨论中，他们认真听取每一种观点，对每一种观点都给予认真和公平的评价。

好奇：他们对问题喜欢刨根问底，深钻细研，而不是满足于蜻蜓点水。

思维活跃：他们积极主动地运用他们的智力来面对问题，迎接挑战，而不是简单地被动地应付局面。

独立思考：他们不怕与他人的观点不一致，他们的信仰都经过认真的分析，而不是不加批判地“借鉴”他人的信仰，或简单地随众。

善于讨论：他们能以一种有条理和理智的方式对他人和自己的看法开

展讨论，即使大家对某些问题的看法有分歧，他们也能认真地听与自己相反的意见，并在深思熟虑的基础上谈自己的看法。

有创造性：他们能打破思考的常规，以创新的方式解决问题。

有见识：他们对问题的看法能一语中的，当别人在细节上纠缠时，他们能抓住问题的实质，既见树木，又见森林。

自我意识：他们能意识到自己的偏见，并能在分析问题时，很快自我反省并纠正。

热情：他们渴望了解和认识，总是努力把问题搞深搞透。

杰出的批判的思考者，他们的思想是如此的有力量，他们在用心做出承诺。他们对生活有美好的憧憬，总是充满着好奇，以海纳百川的开阔胸襟探究他们生命的意义。当他们努力鼓励他人思考时，他们也是精神慷慨的典范。

当你掌握了自己的思考模式，你就掌握了自己的命运。了解自己的想法、感受、情绪及欲望，就可以将它们导向你希望的工作方向。智慧来自于自省，也就是花时间和精力去探讨我之所以成为我的原因。

要掌握自己的思考方式，需经过一段独立的且深思熟虑的历程，因为只有你才能明白自己心灵的复杂动作程序，也只有你才会花费精力与时间，来满足自身内在的需求。

半小时的思考过后，你会发现，你比昨天又多了一份力量，一份智慧。那是肯定的。坚持做下去，你会成为受所有人赏识的优秀员工。

第5章

好工作是干出来的，不是找出来的

轻易放弃的人，很容易在工作中沦入平庸，而不懈坚持的人，往往能从平庸迈向卓越。

扛住压力，别让前途毁在负能量上

在工作中，压力是不可避免的，没有一份工作是无压力的。然而，压力同等的工作，有人干得平平淡淡，却也有人干得风生水起。那么，为何会有这样迥然不同的结果呢？究其原因，正是有人扛住了压力，工作时都是积极的正能量，而有人却整天带着负能量，得过且过，或是稍有不顺心便选择放弃。

没有一份工作是能够轻轻松松完成的。很多时候，工作压力带给人的焦灼和痛苦都是常态。如果你在压力面前不断抱怨，而不去探寻问题产生的根源，那么，你只能被压力拖垮，无法享受工作带来的乐趣；而当你主动、积极地去面对困难，承受压力，你却能够在挫折中获得成长。由此可见，同样的压力，正能量能让你扛住它，战胜它，最终潜力无限，而负能量却会让你前途堪忧。

张强曾在某家公司任分公司总经理，但因为种种原因他选择了辞职。随后，他到另一家公司应聘分公司总经理的职位，被成功录用。

在入职前，该公司告诉张强需要从销售经理做起，公司给了他一个考察期，张强接受了。然而，让他没想到的是，考察期间，他居然还要带车送货，也就是说，他的工作性质与销售代表的工作并无二致。

张强没有做过销售的工作，这让他感到莫大的压力，并且，这样的变化也让他难以接受。但是，张强的优点就在于他的抗压力非常强，于是，他一口气坚持了两个月。张强认为，他初来乍到，对这个公司毫不熟悉，销售代表正是一个能很快了解公司、熟悉业务的工作。因此，尽管压力很大，他仍然积极努力地做着销售代表的工作。

三个月以后，公司让他负责片区的销售，工作的压力就更大了。但是，他知道这是领导对他的考验，只不过这种考验的方法比较“残酷”而已。因此，张强带领着手下的几名销售代表，不懈地努力着。不久之后，他所带领的这个小团队便顺利完成了公司下达的任务。就这样，他所带领的团队实力越来越强。

半年后，张强所在分公司的销售经理被调走了，留下了一个烂摊子；而他，也理所当然地被任命为销售经理。而张强面对压力，仍然积极地工作着。没过多久，分公司总经理另有任命，而他便被正式提为分公司总经理，他终于实现了自己的职业理想。

张强应聘的本是分公司总经理的职位，而等待自己的却是销售代表的岗位，对于从未有过销售工作经验的张强来说，这确实具有非常大的压力。但是，张强在如此大的压力面前，没有消极应对，也没有喋喋不休地抱怨，而是始终积极地完成自己的工作。最终，光明的前途给了他最好的回馈。

纵观职场中人，又有几人能像张强那样，在压力面前不动声色？又有几人能始终带着积极的能量，将工作从平庸做到不平庸？

刘阳是某公司的一名业务经理，他负责整个公司产品销售的相关工作。刘阳工作起来尽职尽责，每天都勤勤恳恳，一心想把工作做好。

然而，事与愿违，随着社会竞争的日趋激烈，刘阳所销售的同类产品不断涌出，他们公司的经济效益也大不如前，刘阳感到自己的业务压力越来越大。此时，当初向公司立下的军令状就像一座大山一样重重地压在他的身上，让他喘不过气来。

随着时间的推移，刘阳感到压力越来越大，他渐渐预感到前任经理的今天就是自己的明天。对于工作，刘阳也感到越来越力不从心，重压之下，他干脆选择了逃避，竟然一周没有去上班。

刘阳待在家里，关掉手机，什么也不想做，约朋友出来聊天也显得心事重重。他垂头丧气地对朋友说："现在的我真是累极了，一进公司就感到压抑。现在，我只想找个地方静静地睡觉，一点也不想思考工作中那些乱七八糟的事情。"

一周后，刘阳垂头丧气地回到了公司，然而，他所担心的事情成了现实——他成为了前任业务经理。

压力是一个职场人成长的动力，它能使我们时时奋进，面对挑战时不再退缩，实现一个目标时不敢懈怠，能让我们在获得成就时再接再厉。因此，能扛得住压力的人，才能扛得住重任；而扛不住压力的人，只能在竞争激烈的职场中惨遭淘汰。正如业务部经理刘阳，正是因为扛不住压力，才让自己的前途毁在了负能量上。

所以，当压力来的时候，不妨告诉自己，逃避压力，便等于放弃发展自我的机会，而从压力中获得前进的动力，才是让自己从平庸走向卓越的根基。

工作金言

扛不住压力的人，只能在竞争激烈的职场中惨遭淘汰。

问题思考

许多企业领袖都羡慕联想集团的前任总裁柳传志，因为他有两个好的接班人——杨元庆、郭为。殊不知，柳传志为培养这两个人，前后“折腾”了他们多年。

在联想，柳传志给了杨元庆和郭为巨大的压力，据说，他们是一年一个新岗位，被“折腾”了十几年，换了许多岗位，最终才成了“全才”。

有一次，杨元庆被一心提拔他的老板当着大家的面狠狠地骂了一顿，杨元庆在这样的情形下大哭了一场。

第二天，柳传志给了他一封信，其中说到——只有在压力中把自己锻炼成火鸡那么大，小鸡才肯承认你比它大。当你像鸵鸟那么大时，小鸡才会心服。只有在压力中赢得这种“心服”，才具备在同类人中做核心人物的条件。

柳传志曾经说：“折腾是检验人才的唯一标准。”也就是说，真正的人才，是在巨大的压力面前练就的。如果你是杨元庆或是郭为，你能够扛住压力坚持下去吗？结合这个故事，说说你的看法。

困难不是放弃的借口，而是坚持的理由

人不可能一辈子都一帆风顺，每个人都会遇到这样或那样的问题。当面对工作中这样那样的问题时，很多人选择了放弃，也有很多人选择了对问题避而远之。然而，对于具有正能量的员工来说，困难从来不是放弃的借口，而是他们坚持下去的理由，因为他们知道，正是这些挑战，让他们的工作更有意义，让他们的人生更加充实、丰满。

大学毕业之后，李践应聘到一家公司做技术性工作，这个工

作工资高、出差少，可谓是一个“肥差”，然而，没干多长时间，李践就把这个工作辞掉了。

原来，在李践的公司，技术员的主要工作是排除工作中的技术难题，所以，李践的工作虽然工资高，但经常会面临各种困难和问题。

一直以来，李践家庭条件优越，生活顺风顺水，他从来都没有遇到过什么困难。因此，在他看来，生活中不应该有什么困难，工作中也应该如此。困难颇多的工作让李践有些措手不及，而且，李践从来没有独自克服困难的经验，所以一遇到困难，李践总是下意识地选择放弃。

慢慢地，李践的老板就对他有意见了，遇到困难就放弃，这样的工作态度，怎么能将工作做好呢？于是，老板便就此问题找李践谈话，希望他能在工作中有坚持不懈的精神，端正工作态度，不要一遇到困难就放弃。

听到老板的训斥之后，李践开始着手处理一些小困难，但没过几天，李践又恢复了原始的状态。因为，他觉得困难还是接踵而来，他将有解决不完的困难。就这样，一是不想继续从事这“困难重重”的工作，二是老板对自己意见甚大，所以，李践不得不放弃了自己的高薪工作。

李践辞职以后想，自己一定要找一份没有困难的工作。然而，现实却让他很失望，这样的工作，他一直都没找到。其实，这样的工作，他永远都找不到。

也许这个例子有些夸张，但在现实的职场中，很多人身上都有着李践的影子，很多人都像李践一样，遇到困难，首先想到的不是坚持，而是放弃。殊不知，这是一种负面的能量。如果每次遇到困难就放弃，那么，久而久之，作为一个职场人士，解决问题的能力将会越来越差，抗压能力也会越来越差，如此一来，只能在激烈的职场竞争中遭到淘汰。

作为员工，我们要知道，工作的本质就是解决一个又一个的困难，如果遇到困难就放弃，永远也不会把工作做好。因此，遇到困难，最佳的解决办法不是放弃，而是勇敢地迎上去。正如那些时刻带着正能工作的人，困难于他们而言，只是坚持的理由，而他们也从不会轻言放弃。

马文刚进报业公司的时候，只是一名广告业务员。他的上司，也就是报社广告部的经理，十分能干。在这样的上司手下工作，他感到压力非常大，因为他必须把上司安排给自己的每件事都做得十分出色，否则就会受到严厉的批评，这让马文的工作困难重重。

当然，马文工作中遇到的困难还不止如此。有一天，上司对他们说："由于公司近期的资金有些困难，以后将对业务员的薪金做出调整，也就是说，以后你们的工资没有底薪了，只按广告费抽取佣金，抽取的比例要比以前大一些。当然，你们自己可以决定去留。"

面对这样的决定，有些同事选择了放弃，但马文本身就是个不惧困难并坚持不懈的人，他没有放弃，而是接受了这个挑战。

在第一轮工作开始之前，马文手上的名单是一些不好对付但十分重要的客户，而且，上司给他定了两个月的期限。对此，其他业务员认为，要想争取到这些客户简直是天方夜谭。

但马文没有放弃，而是满怀信心地一一拜访客户。第一天，他凭着自己的"三寸不烂之舌"与20个"不可能"客户中的两个谈成了交易；在第一个月的其他几天里，他又谈成了两笔交易；第一个月月底的时候，20个客户中只剩下一个还不买他的广告。

剩下的那个客户是一个成功的企业家，非常固执，马文已经持续拜访他一个多月了，但还是一无所获。但这是上司交代给他的任务，马文必须要坚持完成。

马文每天早晨都等在他们公司门口，但这个企业家却一直没松口，还总是提出各种稀奇古怪的问题来刁难马文。但是，马文面对那些难题没有退缩，而是将企业家的每一个问题都记下来，进行了研究之后再给予解答。就这样，马文每天都会锲而不舍地去说服那个企业家。

转眼间已经到了第二个月月底，这一天马文又去拜访那位企业家，像往常一样，马文回答了企业家前一天提出的疑问。让马文意外的是，这一次，企业家的口气缓和了许多："你在我身上已经浪费了两个月的时间，为什么还要受我的百般刁难呢？"

"我觉得我并非是在浪费时间，和您打交道本身就是一种收获，因为，即使您不买我们公司的广告，我也从您身上锻炼了自己克服困难、坚持不懈的意志。"

企业家笑了，并购买了一个广告版面。

在第一轮销售中，马文赢了，他不只赢在这件事上，而且，他还升任了广告部的经理。

马文是一个充满正能量的职场人，在困难面前，他从不退缩，而是坚持不懈地用自己的行动证明自己，当然，他的这种正能量也得到了应有的回馈。

工作中的困难总是在所难免的，而对于负能量聚集的弱者来说，困难是拦路虎，但对充满正能量的勇者来说，困难却是坚持的理由，是成功路上的垫脚石。

工作金言

成长的机会都蕴藏在困难之中。

问题思考

美国著名的行动学专家巴勃曾说："在我们每天的工作和生活中，总会面临各种意想不到的困难，这些困难虽然会带来风险，但也会带来更大的成功。有些员工不敢承担风险，于是他们就把有困难的工作推脱掉。这样的员工一辈子都只能平庸地做着毫无成就的工作。"

通过巴勃的这句话，你获得了怎样的启示？

99% 的成功欲望敌不过 1% 的放弃念头

美国前总统柯立兹曾经说过："世界上没有一样东西可以取代毅力。才干也不行，怀才不遇者比比皆是，一事无成的天才也很普遍；教育也不可以，世上充满了学无所用的人，只有毅力和决心无往而不胜。"由此可见，毅力和决心对一个人的重要意义。

在工作中更是如此，毅力和决心是一种不折不扣的正能量，它往往来自对成功的欲望，这种欲望促使职场人为实现自己的成功梦想而付出努力。然而，当正能量不足的时候，当这种梦想减弱的时候，放弃的念头便会油然而生。殊不知，即便你只产生了 1% 的放弃念头，也可能会落得满盘皆输的境地。

李彦强是一家公司的业务员，专门为客户进行招标策划，他们公司的规模并不大。不过，李彦强凭借着强烈的职业理想，取得了不错的业绩。

一次，一位大客户准备参与一个大规模房产项目的招标策划，但这位客户比较挑剔，公司只好派李彦强去接手这项工作。

经研究，李彦强设计出了自己的方案，他信心满满地来到了招标的现场。然而，当他到达现场之后，所有的信心顷刻间化为乌有。他看到有非常多的大型企业也拿出了自己的方案。

竞标时，李彦强越来越坐不住了，他将自己的招标方案递上去之后，更是心急如焚，开始胡思乱想。他越想越觉得自己的方案不可行，根本比不上那些大型公司，于是，他开始有了放弃的念头。

放弃的想法一旦产生便一发不可收拾，这种念头在他脑海里变得越来越大。渐渐地，他觉得与其在这里受煎熬，还不如趁早离去。于是，当竞标刚开始的时候，他便走掉了。

然而，当他回到公司之后，等待他的却是老板的一顿训斥。原来，到场的那些竞标者的方案都没有通过，只有一份通过，正是李彦强的那个方案。然而，当他们在询问是谁的方案时却发现提出者已经走了。

这件事无论对公司的资金还是名誉都造成了很大的损失，而通过这件事，老板认为李彦强是个玩忽职守、不思进取的人。因此，李彦强再也没有得到提升。

在工作的过程中，放弃的念头是一种负能量，其一旦产生，工作者便很难再坚持进行自己的工作。李彦强便是如此，他的方案本来是一个不错的方案，但却因为他的一个放弃的念头，便使成功成为了天方夜谭，这样的结果，让人惋惜。

职场中莫不如此。很多时候，工作的失误，并非因为工作者的能力不够，而是因为他们最终选择了放弃。因此，在工作中，只有时刻保持正能量，保持对成功的渴望的人，才能成为最后的赢家。

在公司中，小李和小王都是出色的研发人员。经过研究，他们约定共同开发一项新的产品。刚开始时，他们俩对这项新产品的开发都是积极参与的，但在开发工作接近尾声的时候，小李却有了放弃的念头。

原来，从一个小道消息中，小李听说这项新产品的市场前景并不好。于是经过一段时间的考虑，小李退出了这个新项目。但小王并没有因此放弃，而是坚持着继续完成了这项产品的研发。

结果正如小李所料，产品面市之后，打不开销路，形势不容乐观。此时，小李为自己的及时放弃而感到幸运，他劝小王也赶紧放弃，进而减少后期的损失。

然而，小王却依旧选择了坚持。为了产品的营销，他想了许多的办法，并积极利用各种营销手段。不久之后，小王的产品有了一定的市场影响力，购买的人也越来越多，这款产品取得了非常不错的销售成绩，小王也“一战成名”。

见状，小李悔恨不已，但就是那一丝放弃的负能量使其被成功拒之门外。后来，小王对小李说了一句富有哲学味的话：“我心中始终有一种力量让我去坚持，所以我才能够时刻保持积极的心态和成功的欲望，不会轻言放弃。因为我知道，即使是一丝放弃的念头，也可能让人与成功失之交臂。”

同样是出色的研发人员，为什么工作的成果却迥然不同呢？原因就在于，小王始终保持着对成功的欲望，不轻言放弃，而小李却被那 1% 的放弃念头打败，失去了成功的机会。职场中正是如此，机会总是稍纵即逝，也许，你只是产生了一丝退却的念头，但却可能导致自己被这一丝退却的负能量侵蚀，从而输掉全局。

你不放弃工作，工作才不会放弃你。试想，一个充满负能量，时刻都在思考自己会失败的人，又如何能将工作做好呢？所以，带着正能量去工作吧，任何时候都不要轻言放弃。

工作金言

即使你有 99% 想要成功的欲望，仅仅有 1% 想要放弃的念头，那么，你依然是没有办法成功的。

问题思考

2007 年，电视剧《士兵突击》热播后，无数观众为之倾倒，甚至无法自拔。剧中的男主人公许三多——一个不起眼的农村兵，从不被人接受，不被人认可，甚至被人嘲笑开始，凭借着自己的真诚、执著和"不抛弃，不放弃"的信念不断地激励自己，同时去感染身边的每一个人，最终，他获得了成功，也获得了他人的认可。

该剧引发了一波又一波的讨论热潮，参与者不分地域，不分职业，不分年龄，范围之广前所未有。不过，其中最被大家所认可和熟知的便是许三多和钢七连所共同抱有的成功信念——"不抛弃，不放弃"。

这部电视剧告诉我们，不管做什么事，只要放弃了，就注定没有成功的机会，不放弃才会一直拥有成功的希望。在工作中更是如此，即便你有 99% 的成功欲望也敌不过 1% 的放弃念头。因此，工作离不开这种"不抛弃，不放弃"的正能量。

对于在工作中运用"不抛弃，不放弃"的正能量，你有什么想法？你打算如何对待工作？

好工作是干出来的，不是找出来的

有求职经验的人都有过这样的经历，很多企业在招聘的时候，都会询问求职者的相关工作经验。对于这个问题，如果你的工作种类较多，且每份工作的时间都较短，那么企业会对你的工作能力产生怀疑。因为，在企业领导者眼里，频繁地换工作，就代表着你可能是一个没有恒心、缺乏毅力的人。而这点，正是许多企业所不能容忍的。

对于企业领导者来说，他们更喜欢的员工往往是那些拥有正能量，遇到问题勤于解决而非逃避的人才，是那些工作踏实、认真而非经常放弃的人才。所以，好工作并不是找来的，而是脚踏实地干出来的。

刘涛和张文大学毕业之后都到了一家大型集团公司工作，但是，由于缺乏工作经验，他们的待遇都不是很高。

对此，刘涛和张文有了不同的想法。刘涛觉得自己每个月拿着不多的工资，还要从事烦琐的杂活，对工作抱怨不已，有了跳槽的想法，于是，不久之后他便又开始了自己的求职路。

而张文却觉得自己没有工作经验，这正好是个学习必要技能的机会，于是便在自己的岗位上坚持不懈地学习和工作。

通过不断提升自己，张文已经将自己原本烦琐的工作规划得井井有条，很快就彰显出了自己超强的工作能力。自然，这种变化也让公司的上层看在眼里。于是，公司为他升了职，加了薪。

而刘涛呢？他依然在频繁地更换工作，不断地处在试用期中，拿着微薄的薪水。

诸如刘涛式的员工在当今职场普遍存在。在竞争激烈的职场中，浮躁是每个职场人的大敌，特别是新入职的员工，尤其严重。上述案例中的刘涛心态浮躁，对待工作缺乏坚持，频繁跳槽，能力没有得到任何提升，每一份新工作都代表着重新的开始；而张文摆正了心态，抱着学习和积累的态度，在一个岗位上不断提升，最终培养出了超强的工作能力。其实，好工作并不是找出来的，而是坚持不懈干出来的，做事并不难，难在一件事情上坚持下去。

在一项对世界著名企业家的调查中，当问到“您认为员工应该具备的品质是什么”时，他们的回答无一例外都选择了“忠诚”。缺乏忠诚度的一个直接表现就是频繁跳槽，一个频繁转换工作的人，往往缺乏坚持，甚至在不知不觉中形成习惯——在工作中遇到困难想跳槽，人际关系紧张想跳槽，看见更好的工作想跳槽，等等。久而久之，这样的职场人会变得不再勇于面对现实、积极主动克服困难，往往在一些冠冕堂皇的理由下选择逃避、退缩。

成功，更多是源于坚持，退缩不会改变你的境遇，只有鼓起勇气迎接挑战，解决问题才是最正确的做法，而非幻想着找一个新的单位后所有问题都迎刃而解。坚持，是职场的一种正能量，一旦你选准了一个行业一份工作，通向成功最保险的方法就是坚持下去，好好把这一件事情做专、做精，只要你真正拥有了难得的经验，看到了这个行业最本质的东西，那么你的身价自然就会随之上涨。

工作金言

卓越，永远源自坚持，而非放弃。

问题思考

小宋大学毕业已经有两年多了，但他却依然没有找到一份稳定的工作。在干每一份工作的时候，他都会觉得工作进行起来困难重重，于是，他便开始频繁地跳槽，常常是三四个月换一次，甚至，有些工作刚干了一个星期他便觉得力不从心，然后又跳了。

于是，他不停地慨叹，要想找一份满意的工作实在是太难了。这两年来，他在不停地换工作，而唯一没换的便是他家门口的两家豆腐店。

这两家豆腐店之间的距离并不远，一家叫“王记”，另一家叫“邓记”。两家店都是在他毕业那年开张的，他也算是这两家店成长的见证者了。

刚开始，王记生意非常好，吃老豆腐的人总是络绎不绝，来得晚的便吃不上了。王记的豆腐结实，口感好，给的量也非常多。而相比之下，邓记老豆腐却非常软，像汤汁一样，没有形状，量也非常少，多半是汤来“充数”。

不言而喻，刚开始时，邓记的生意不如王记，所以，有一段时间，邓记店门前甚至经常是冷冷清清。

一天早上，小宋起床晚了，没有等到王记的豆腐，只好来到邓记的豆腐店吃豆腐。吃完后，老板询问他豆腐的口感如何。

小宋实话实说：“汤的味道还行，只是豆腐有点软，而且像水一样，有点不够吃。”

老板笑了笑，没有说话。

小宋说：“你怎么不学学王记呢？把豆腐做得结实一点呀！这样吃的人就多了。”

老板只是笑了笑，建议小宋过一段时间后再来，看看情况是不是会有变化。

不久之后，邓记的店门口也排起了长队，小宋以为邓记一定是学王记了。然而，当小宋又吃了一碗豆腐后，发现豆腐的味道和以前一样，没有任何变化，不过，汤的味道好像更好了。

小宋好奇地问老板："老板，这是怎么回事呢？"

老板说："其实，我和王记的老板是师兄弟。"

小宋有些惊讶："那既然如此，你做的豆腐为什么和王记的豆腐口味不一样呢？"

老板说："的确如此，王记的老板是我师兄，他做的豆腐确实好，我真的比不上。但是，你没觉得我做的豆腐汤要比王记的好喝吗？在这方面，我可以自信地说比师兄做得好。"

小宋有些疑惑，老板继续解释道："我们师父曾经说，做生意要想有长远的发展，就必须找到自己的特长，并在自己所擅长的领域继续发挥下去。正如我和师兄两个人各开一家店，他坚持做出好豆腐，我坚持做出好汤，各擅长一种口味，这就满足了各种口味人群的需求。很多客人经常会换口味，如此，我们两个人的生意就会比较平衡，也不会影响彼此。"

小宋试探地问："那么，为什么你们不互相学习一下对方的做法，把生意做大呢？"

此时，老板一本正经地说："师父还告诉我们，做事并不难，难的是坚持去做一件事。博而不精未必是好事，而卓越便是来自更多的坚持。我相信，我们每个人的豆腐都会在自己擅长的方面做得更好。"

听罢邓记老板的这番话，小宋深受震撼，此时，他心中的疑惑也得到了解决。他明白了好工作都是干出来的，频繁地换工作，永远也无法获得坚持所带来的收获，更无法获得真正意义上的好工作。

如果你是小宋，你从邓记老板的话中得到了哪些启示？谈谈你的想法。

正能量加油站：忠于职守，任劳任怨

忠于职守，可以引导你获得荣耀、名声和财富。它伴随着你，成为一种精神力量，让你有足够的耐心和韧劲面对工作中的繁琐和困难。

老板们都喜欢忠于职守的人。忠于职守的人也许并不张扬，但他们能在沉默中等来成功。

1. 做好每一件事

道格拉斯在来到现在所在公司工作之前曾经花了很长的一段时间学习和研究怎样使本公司赚钱，用最便宜的价钱把货物买进。他在采购部门找到一个职位后就非常勤奋而刻苦地工作，设法找到供货最便宜的供应商，买进上百种公司急需的货物。道格拉斯所干的采购工作也许并不需要特别的专业技术知识（其他部门提出需要买什么，然后他只要决定到哪儿买就行了），但他兢兢业业地为公司工作，节省了许多资金，这些成绩是大家有目共睹的。公司总裁在职工大会上表扬了道格拉斯的这种敬业精神。道格拉斯赢得了奖金和别人的尊敬。

2. 以自己的职业为傲

无论你正在从事什么样的工作，要想获得成功，千万不要轻视自己的工作。如果你认为自己的劳动是卑贱的，鄙视、厌恶自己的工作，对它投注“冷淡”的目光，那么，即使你正从事最不平凡的工作，你也不会有所成就。

不甘平庸的年轻人，如果轻视自己的工作，那么就无法走出平庸的工作模式。轻视工作的想法早已把他们卓越的才华和创造性的智慧，悉数吞噬。而一个轻视自己工作，失去热情的员工，对于老板是没有任何价值的。

3. 重新衡量工作价值

如果仅用世俗的标准来衡量你的工作，认为工作仅仅是为了面包，那么你工作的价值也未免太低俗了。工作的更深层的价值意义就是通过工作充分发掘自己的潜力，发挥自己的才干。对工作的认识达到这一境界，你就会投入足够的重视和十二万分的热情，成功才会眷顾你。

要达到这一境界，就必须学会从内部去观察，才能看到工作真正的本质。有些工作只从表面看，也许索然无味，一旦深入其中，你就会认识到其不同凡响的意想，或许，你现在仍然生活在困苦的环境里，但不要抱怨，只要全身心地工作，不久就会摆脱窘境，获得物质的满足。那些非常成功或在特定领域里相对成功的人士，无一例外地要经过艰苦的奋斗过程，这也是通往胜利的唯一途径。

4. 真诚地对待工作

真诚待人，真诚做事，这是你必备的品质之一。只有具备了这种品质，也只有这样品质的人，才会敞开心扉给人看，使人们了解你，接纳你，帮助你，支持你，使你的事业获得成功，使你受到人们的尊重和敬仰。我们要有真诚待人的习惯，用真诚的心灵赢得事业上的成功。

5. 任劳任怨，不找借口推脱工作

忠于职守地工作的人是没有借口的，他们也不需要寻找借口。其实，无论从事什么行业，只有全心全意、尽职尽责地工作，才能在自己的领域里出类拔萃。这也是拒绝借口、忠于职守的直接表现。

第6章

勇于担当，敢于在问题中前行

优秀的员工，永远不是那些唯唯诺诺、消极怠工的人，而是那些敢于挑战一切不可能，并且积极主动与工作中遇到的阻力抗衡的人。

敢于挑战阻力，你才能脱颖而出

遇到困难时，员工的态度大致可以分为两种：其一，遇到困难避而远之；其二，遇到困难，迎难而上，主动寻求方法，挑战阻力。毫无疑问，这种总是能够积极寻找解决问题方法、挑战阻力的人，是带着正能量去工作的。这样的人对于任何一家企业来说，都是宝贵的资源。自然而然，这样的员工在任何一家企业都会受到格外的重视，也最容易在职场上脱颖而出。

20 世纪 50 年代，美国福特汽车公司推出了一款新车，这款车性能优越、款式新颖，其价格自然也不低。

然而，由于当时美国处于“二战”后的经济复苏时代，人们更倾向于那些低档、便宜的车，所以，尽管这款新车性能不错，但销量却并不乐观。

公司的高层焦急万分，这样的销量可能连成本都收不回来，然而，他们绞尽脑汁想了很久都没有找到提高汽车销量的好办法。

这时，在福特汽车销售量居全国末位的费城地区，有一位名叫李·艾柯卡的见习工程师，一位毕业不久的大学生，他对这款新车产生了浓厚的兴趣。虽然，李·艾柯卡的工作内容与汽车销售毫无关系，但他看到公司老总因为这款新车滞销而着急的神情，便决定挑战一下。于是，他开始琢磨让这款汽车畅销的方法。

为此，李·艾柯卡不断查阅资料、苦思冥想，终于有一天，他灵机一动，有了一个好办法。随后，他快速来到经理办公室，向经理提出了自己的想法。李·艾柯卡的创意是在报纸上刊登内容为“花56元买一辆56型福特汽车”的广告。

这个创意的核心是，如果购买一辆1956年生产的福特汽车，无需付全款，只需先付25%的货款即可，余下部分可按每月付56美元的办法进行分期偿还。公司经理觉得这个广告很有创意，方法也很棒，于是便采用了。

事情正如李·艾柯卡预期的那样，不久之后，“花56元买一辆56型福特汽车”的广告便人人皆知了。因为，“花56元买一辆56型福特汽车”的广告，不但打消了很多人对新款福特汽车车价的顾虑，还给消费者制造了“每个月才花56元，实在是太合算了”的印象。

事情后来的发展出乎了所有人的意料：在短短3个月的时间，该款汽车在费城地区的销售量便从原来的最后一位一跃成为全国的销量冠军。

由于为公司解决了销售难题，李·艾柯卡自然得到了老板的重用。随后，他被破格调到华盛顿总部，成为了地区经理。

在后来的工作过程中，李·艾柯卡不管遇到什么样的难题，总会积极努力地去解决，尽量使贴着“不可能”标签的工作成为可能。也正因为如此，李·艾柯卡最后成为了福特公司的总裁。

李·艾柯卡的故事激励了无数为梦想奋斗的人，他的故事也确实证实了这样一个不争的事实——积极挑战阻力、主动帮企业解决问题的人，最容易脱颖而出！的确如此，这种积极挑战工作中阻力的人在工作中总是能够保持一种正能量，也总是能为遇到的难题找到恰当的解决方法，又何愁不会获得上司的认可、企业的赏识呢？

在当代企业中，也有很多人像李·艾柯卡一样，带着正能量去工作，并且总是积极挑战阻力为公司解决问题，这样的人，自然也能像李·艾柯卡一样，最终脱颖而出。

许振超是我国新时期工人的楷模，然而，他却是一个只有初中学历的码头工人。那么，他又是如何脱颖而出成为“技术专家”的呢？他成功的秘密就在于他总是带着正能量去工作，不断积极地挑战工作中遇到的阻力。

许振超是一个普通的吊桥队的队长。一次，队里的一台桥吊控制系统发生了故障，只能请外国厂家的工程师来修理。

单单就这一个故障，外国专家只工作了 12 天，便挣走了数百万元。这件事深深地刺痛了许振超。他想，如果自己会修理，就能为公司节约那么多的维修费用。

于是，许振超便萌生了自学吊桥结构的想法。然而，话说起来容易，要想真正实施，却是阻力重重。

桥吊的构造很复杂，涉及电力拖动、自动控制等 6 门学科，即使是学起重机械专业的大学生也至少得两三年才能够学会处理一般性故障。而许振超只是初中毕业，对那些知识根本不理解。然而，可为了攻克这门技术，他像走火入魔一样刻苦钻研。

然而，他遇到的阻力还不只有这些。在钻研过程中，他发现所有的技术难点都集中在一块块控制系统模板上，而这正是外国厂家全力保护的尖端技术——不仅没提供电路模板图纸，甚至连最基本的数据都没有。

面对巨大的阻力，许振超想尽一切办法积极地钻研着。最终，他凭借自己的努力和毅力，用了整整 4 年的时间，一共设计了 12 块电路模板，画了两尺多厚的电路图纸，终于攻克了技术难点，为企业节省了 800 多万元的桥吊修理费。

一个普通的吊桥队队长，克服了重重阻力，创造出震惊航运界的世界集装箱装卸纪录，他的精神，让无数职场人士动容。也正是因为这种工作正能量，许振超脱颖而出，让更多的人认识了他，认识了这种积极挑战阻力的精神。

一个一流的员工，遇到问题与困难时从来不是消极地抱怨和宣泄，而总是在千方百计地找方法解决问题。而后者，也永远比前者更容易脱颖而出。

工作金言

当你作为一个积极挑战阻力的“操作能手”脱颖而出时，你所有的目标便都能轻而易举地实现。

问题思考

如果你现在还没有从平庸中脱颖而出，不妨自己反省一下：你在工作过程中，是否带着正能量去做事？你是否解决了一个或几个棘手的问题，给别人留下了深刻的印象？是否做了几件业绩突出的事情，让你的领导和其他人十分欣赏？

假如你的回答都是否定的，不妨停止对公司、对工作的满腹牢骚，先去补补课吧。要知道，让一个人星光闪耀，成为众人瞩目焦点的，永远是那种积极挑战阻力、卓越处理事务的能力。

别紧盯着问题，不妨从中寻找机会

“松下电器”创始人松下幸之助曾经说过：“危机和良机本质上是一样的，只要你改变观念，重新评估，趁机下手，危机就会变成良机。”的确如此，同样一个事物，在不同人的眼里，有着不同的意味。比如，同样是半杯水，被负能量困扰的人会慨叹只剩下半杯水了，而拥有正能量的人却会暗自庆幸还有半杯水可以喝。由此可见，积极还是消极地对待事物，产生的结果自然会有天壤之别——消极的人只看到问题，积极的人却能从中看到机会。

在工作中也是如此，每个人都会遇到问题，而且并不比生活中的少，那些带着负能量去工作的人，面对繁多的问题，往往还没开始准备就已经“打退堂鼓”了，而那些带着正能量去工作的人，却不仅仅看到了问题，还看到了问题背后的机会，因此他们总是能够一往无前地去尝试，去努力。

一位愁眉苦脸的部门主管敲开了现代成功学大师拿破仑·希尔的家门。他掌管着一个零售部门，然而，最近，他的工作却出现了许多问题，他苦恼地对拿破仑·希尔说：“我的工作一团糟，我觉得我在这家公司没有几天好日子了。”

拿破仑·希尔没有急于下结论，而是问他：“为什么这么说呢？”

部门主管仍是一脸的苦恼：“最近，工作中所有的统计资料都对我很不利。公司今年的销售额增加了43%，但我负责的部门业绩却比去年降低了10%，这实在糟糕极了。而昨天，我的上司还特意把我叫了去，责备我领导不力，我的下属也对我的领导并不信服，我感觉我已经丧失了掌握局面的能力，并且，沉重的压力让我觉得自己就像一个溺水的人，绝望极了。我该怎么办呢？”

拿破仑·希尔没有直接回答他的问题，而是反问道：“你觉得自己没有转机的希望吗？为什么你不用积极的行动改变自己的处境呢？”

这个主管犹犹豫豫地回答道：“事情都到现在这一步了，我如何才能让事情有转机呢？我又该如何行动呢？”

“我想，你有两种方案可以选择：第一，从现在开始，用正能量激励自己，积极地为提高销售业绩而想办法。营业额之所以会下降，一定有其内在的原因，那么，你不妨从中将原因找出来。另外，你还可以和你的上司谈谈，告诉他你的构想，并争取他的帮助。如果你的上司知道你能找出解决的办法，那么，你就还有你的价值，他们自然也就不会解雇你。所以，你必须积极地去面对问题，绝对不能像一个快淹死的人一样，否则，你工作中的问题只会越来越多。”

这个主管若有所思，随后，他小心翼翼地问道：“那第二呢？”

“第二，出于保险起见，你应该留心一下是否有更好的工作机会。因为，尽管你采取了改进措施，提高了销售额，但你的工作也不一定能保得住，所以，你要提早做好准备。”拿破仑·希尔说。

两个多月过后，拿破仑·希尔接到了那位主管的电话：“回来之后，我积极地改进，现在，我团队的销售员们干劲十足，我们这个月的营业额有了大幅度的提高，比其他部门要好得多。尽管有好几家公司想挖我过去，我都回绝了。”

面对同样的问题，拥有正能量和负能量的人，从中获得的信息也是截然不同的。正如面对业绩下滑的问题，那位主管只感到悲观和绝望，而拿破仑·希尔却为那位消极的主管分析出了问题中存在的希望和机会。面对工作就是如此，一件事情是否能给我们带来好运，完全取决于我们自己是带着正能量去工作还是带着负能量去工作。

其实，不管是企业还是员工，都会遇到一些看似不可能解决的问题，一些看似无法跨过去的“绊脚石”。然而，我们不难发现，当我们积极地去面对问题的时候，往往会在发现问题、提出问题、解决问题的同时，抓住改变自己、超越竞争对手的机遇。这便是带着正能量去工作的意义所在。

聪明的员工往往善于在问题中寻找机会，他们在问题中看到的机会要比他们在其他地方遇到的多。所以，面对工作中的问题，不要只看到消极的一面，进而消极怠工，要善于看到问题中的机会，更要尽全力把这件事情做到最好。这样，即便是工作中的阻力也会变成助力。

工作金言

当你带着正能量去工作时，你会发现，解决那些“不可能”的问题其实并不难。

问题思考

电影问世后不久的一天，巴黎某地正在放映一部名为《拆墙》的电影短片，片中有一个众人推倒一面墙的镜头。当时，片子放映完之后，要再把它倒转回来。然而，由于放映员普洛米奥在工作中一时大意，竟然放映了还没有倒好的片子，这样一来，银幕上出现的情景正好相反——一堵被众人推倒的墙，重新从废墟中又立了起来。

这个失误立即引得观众哄堂大笑，普洛米奥也受到了批评。然而，普洛米奥并没有紧盯着自己工作中的失误，而是从失误中开始反思——这种现象能不能成为拍电影的新技术呢？

后来，在《迪安娜在米兰的沐浴》这部电影中，他有意识地运用了这种他自己发明的倒摄方法。而这种奇异的倒摄方法，不仅赢得了现场观众的热烈掌声，而且成为了电影拍摄中常用的技术之一。

结合上面的案例，回答以下几个问题。

问题一：在工作中，机会总是乔装成问题出现，你是否有这样的体会？

问题二：当工作中出现问题的时候，你是紧盯着问题，还是积极地从中寻找机会？

工作时充满激情，不可能才能成为可能

成功学大师卡耐基认为：“对工作热忱的人，具有无穷的力量。”的确如此，对工作保持激情和热忱的员工，才能创造出更大的价值；而无法找到工作中的乐趣，只是倦怠工作，缺乏积极性的员工，则注定只是平庸。

新的一周开始了，小王不情愿地告诉自己：“上班还得着手草拟明年的部门预算。”

他九点钟走进办公室，打开电脑准备工作，QQ上跳出的新闻题目很吸引人，小王便随手点进去看了一下，这一浏览不知不觉花了30分钟。

30分钟后，小王没有感到丝毫后悔，反而得意地伸了伸懒腰，稍作休息。此时，他无意中发现桌上报纸的彩图是自己喜欢的明星，于是便情不自禁地看起来。时间就这样在散漫中又过了20分钟。

接着，他无奈地打算开始工作，就在这时，电话响了，原来是顾客打来的投诉电话。20 分钟后，他总算安抚好了顾客。挂了电话，他去了趟洗手间。就在回办公室的途中，小王闻到了咖啡的香味，原来别的同事正在享受“上午茶”，他应邀加入，早把工作忘在了脑后。

回到自己的办公桌后，一看表，已经是 10：45 了。这时，距离 11 点的部门例会只剩下 15 分钟，开完会就到午饭时间了，下午回来再做吧，他这样想。

“午饭回来休息一下，下午 1：30 开始工作吧。”小王吃完午饭后想。然而，1：30 的时候，新来的同事过来找他，他又与同事攀谈起来，等同事离开的时候，已经是 2：30 了。

这时，小王才百无聊赖地打算工作，就在这时，电话响了。经理生气地问小王：“上周承诺的一个分析数据怎么还没交上来？”小王赶紧手忙脚乱地核查好数据之后汇报上去。

随后，他正准备工作，同学发来短信问他晚上去哪里聚会，讨论好之后，他突然想起一个重要的客户邮件还没回，于是便赶紧写邮件。发完邮件一看表快到下班时间了。

小王心想：反正也来不及了，草拟预算工作庞大又耗时，今天不弄了，以后再说吧。

很明显，小王是带着负能量工作的人，他对待工作毫无积极性，总是将工作任务一推再推，一拖再拖。而带着正能量工作的人，总会保持清醒，保持全身所有的神经都处于兴奋状态，他们不会容忍任何有碍于实现既定目标的干扰。

最好的劳动成果总是由头脑聪明并具有工作热情的人完成的，因此，成功与其说取决于人的才能，不如说取决于人的热忱和激情。激情，是实现愿望最有效的工作方式，如果你想让自己的工作状态越来越好，想将工作中的更多不可能变为可能，你必须用正能量来武装自己，以最佳的精神状态来对待工作。

工作金言

消极工作，充满负能量的员工，无论做什么工作，都只能沦为平庸之辈。

问题思考

佛里德利·威尔森，曾任纽约中央铁路公司的总裁。在一次访问中，他被问及如何才能使事业成功，他是这样回答的：“我认为，成功者和失败者的聪明才智，相差并不大。在实力相近的情况下，对工作富有热忱的人，一定比较容易成功。一个不具有实力而富有热忱，与一个虽具有实力但不热忱的人相比，前者的成功机会也会多过于后者。”

对此，你有什么感想，不妨结合自己的情况，回答下面的问题。

问题一：你能够在工作中时刻保持旺盛的精力和不变的热情吗？

问题二：你在工作时是精神专注，还是三心二意？

问题三：你在见到同事时是面带微笑地问候，还是面无表情？

与其在等待中失败，不如在积极中成功

在企业中，不乏这样的人，他们才华出众，志向高远，却一直在某个普通的岗位上停步不前，郁郁不得志。那么，究竟是什么阻挡了这些“金子”散发自己的光彩呢？正是缺乏行动的等待。

有位叫莫里的青年，他非常渴望财富，但他总觉得自己缺乏成功的契机，于是，他总是在等待着能让自己大展身手的机会。然而，很长时间过去了，他仍然没有获得这样的一个机会，渐渐地，他开始在等待中抱怨：我够聪明，做事也很细心，天生就是做大事的人，但为什么老板不给我好机会？

莫里在等待中变得焦灼不安。一天，他终于鼓足勇气敲开了当地最有钱的一位富翁家的门，希望那位白手起家的富翁能够告诉他一些关于致富的秘诀。

“你一定想知道我是怎样白手起家的吧？”莫里一进门，富翁就这样问道。

“您是怎么知道的？”莫里对富翁的判断表示惊讶。

“因为在你之前，已经有很多位像你一样自以为一事无成的人来找过我。来时他们确实只知道等待，所以只能贫困潦倒而且牢骚满腹，但走时都像成了百万富翁一样自信。其实，你也拥有像我一样丰厚的财富，为什么还抱怨不止呢？”

“我怎么不知道自己有这么多的财富呀？”莫里急切地问。

“你的一双眼睛。只要你给我一双眼睛，我可以用一袋黄金作为补偿。”

“不，我不能失去眼睛！”莫里大声回答道。

“好，那么让我要你的一双手吧！这样我就可以把你想得到的东西都给你。”

“不，双手也不能失去！”莫里更加大声地反驳道。

“既然有一双眼睛，你就可以学习；既然有一双手，你就可以劳动。你看，你有多么丰厚的财富啊！不要再等待下去，马上开始学习、开始劳动，用行动换取财富和成功。光坐在那里，想着明天如何的美好，等着天上掉馅饼是没有用的！这就是我所谓的致富秘诀。”富翁微笑着说。

莫里听了，如梦初醒。他感谢了富翁，昂首阔步地走了出去，俨然已经成了富翁。因为他已经知道，自己本来就拥有致富的本钱，但却将其荒废在了等待中，自己缺乏的并不是成功的条件，而是积极的行动。

在企业中，有太多的人都像莫里一样，渴望在职场中获得成功，却总是光说不做，或者遇事拖沓，在困难面前停滞不前，缺乏果敢行动的勇气。殊不知，面对工作中的阻力，平庸的员工只会选择被动地等待，或向老板大吐苦水，消极怠工，或无奈地说句“我尽力了”之后选择放弃；而那些优秀的员工，却总是有着对工作的正能量，有着克服一切困难的决心和积极行动的意愿。毫无疑问，前者只能在等待中错失良机，而回报后者的，往往是辉煌的成功。

孟非，著名电视节目主持人。这位成功人士也曾是高考落榜生，但他不认为高考失利就是人生的失败。

孟非得知江苏电视台招聘接待员，便报了名，先在电视台打杂做临时工。在拿下南京师范大学中文系专科的文凭后，他下定决心要做一名记者。尽管阻力重重，他仍然没有放弃努力。

每天早上，他都会早早来到台里，帮助记者们打扫卫生，同时，向别人请教记者的工作流程。逐渐地，他学会了使用摄像机，也掌握了一定的采访技巧。

后来，领导开始允许他单独跑新闻，他便开始了每天都透支体力、熬夜拼命做节目的生活。渐渐地，台里一些大题材也开始交给他做了。1996 年，他参与拍摄的专题片《飞向亚特兰大》荣获全国长篇电视专题片二等奖，终于，他成为了一名真正的记者。

再后来，他走出幕后，成为了一名主持人，他的节目收视率一度打破了记录，他也获得了“电视节目主持人 30 年风云人物”

等多个荣誉称号。

在孟非的职业生涯中，他遇到了很多的阻力，但他并没有在阻力面前等待机会，而是将阻力化为动力，一步步用积极的行动实现着自己的梦想。最终，他被全国观众所熟知，成就了今日的盛名。

而在现代企业中，大多数员工缺乏的正是孟非这种对工作的正能量，这种不一味苛求成功的条件，而是用积极的行动将阻力化作动力的精神。很多人认为，成功是需要条件的，比如天时、地利、人和等。没错，成功固然需要一定的条件，但关键还在于人的积极行动。

因此，面对工作中的阻力，不要只是等待机会，也不要一味地怨天尤人、自怨自艾，不妨用正能量来武装自己，积极行动起来，尝试着改变自己的境遇。因为，成功是等不来的，即使它近在眼前，也需要我们伸手去抓住它。

工作金言

选择做一个积极主动的员工，选择做一个迎难而上的人，问题也会变成机遇，危机也会变为转机。

问题思考

北京大学一级教授朱光潜说："有些人天资颇高而成就平凡，他们好比有大本钱而没有做出大生意，也有些人天资并不特异而成就斐然可观，他们好比拿小本钱而做大生意。这中间的差别就在于努力与不努力了。"他认为，只有及时的行动和不懈的努力才是永恒不变的成功之道。

结合朱光潜教授的话，思考以下问题，并写出自己认为最合适的答案：

问题一：在工作中，你是否是习惯于等待成功来敲门的"怀才不遇"者？

问题二：面对工作中的阻力，你是否花了太多的时间等待机遇，而忽略了行动？

正能量加油站：不因怕担责任而拒绝任务

有些员工本来具有出色的能力，却因为怕担责任而拒绝任务，在工作中让自己逐渐平庸下去。而另外有一些人，刚开始在工作中表现得并不出色，他们也明白自己的情况，但为了改变自身的境况，他们勇于承揽任务，不怕担责任，并想尽一切办法把自己的工作做得完美。结果，在事业上取得了一定的成就。

仔细观察那些出色的员工，你会发现他们具有如下特质：

1. 绝不置身事外

作为公司的一员，他能把公司当作自己的家庭一样来看待，在工作或生活中，如果碰到一些虽非自己岗位职责范围内的事务，也不置身事外。而是积极、主动地为公司处理好这些事务。尽管上司没有交待，也要把它们当成自己应该履行的职责。认真、负责地把它处理妥当，为公司消除隐患，这才是一名优秀而出色的公司职员。

杰拉尔德是一家大型企业的质检员。有一次，他看见公司的一位宣传员在为公司编撰一本宣传材料。但是，他发现这位宣传员文笔生疏，缺乏才情，编出来的东西无法引起别人的阅读兴趣。因为自己平时就喜爱阅读，杰拉尔德便主动编出了一本几万字的宣传材料，送到了那位宣传员的面前。

那位宣传员发现，杰拉尔德所编撰的这一本材料文笔出众而翔实，远超过自己的水平。他产生了危机感，果然没几年，杰拉尔德被调到了宣传科任科长，负责对外宣传自己的企业。不到一年时间，因为出色的工作表现，他被调到总经理办公室担任助理。

虽然我们没有义务做自己职责范围以外的事，但是，在工作的过程中，只要事关公司的事务，我们就不应该置身事外，袖手旁观。尽管做这些职务范围以外的事务，会占用我们宝贵的时间，但我们的行为，将会为我们赢得良好的声誉。

社会在发展，公司在成长，个人的职责范围也在随之扩大。不要总以“这不是我分内的工作”为由来逃避责任，推卸责任。

当额外工作降临时，你要注意这可能是“机遇”在敲你的大门了。

2. 牢记：“这是自己的工作”

在杰克·法里斯13岁时，他开始在他父母的加油站工作。那个加油站里有三个加油泵、两条修车地沟和一间打蜡房。法里斯想学修车，但他父亲让他在前台接待顾客。

当有汽车开进来时，法里斯必须在车子停稳前就站到司机门前，然后忙着去检查油量、蓄电池、传动带、胶皮管和水箱。法里斯注意到，如果他干得好的话，顾客大多还会再来。于是，法里斯总是会多干一些，帮助顾客擦去车身、挡风玻璃和车灯上的污渍。有段时间，每周都有一位老太太开着她的车来清洗和打蜡。这个车的车内地板凹陷极深，很难打扫。而且这位老太太也是极难打交道的，每次当法里斯给她把车准备好时，她都要再仔细检查一遍，让法里斯重新打扫，直到清除掉每一缕棉绒和灰尘她才会满意。

终于，有一次，法里斯实在忍受不了了，他不愿意再侍候她了。可是，他的父亲却告诫他说：“孩子，记住，这是你的工作！不管顾客说什么或做什么，你都要记住做好你的工作，并以应有的礼貌去对待顾客。”

父亲的话让法里斯深受震动，法里斯后来说道：“正是在加油站的工作使我学到了严格的职业道德和应该如何对待顾客。这些东西在我以后的职业经历中起到了非常重要的作用。”

“这是自己的工作！”这就是每个员工都应该牢记的。以后遇到困难，哪怕是最不可能完成的任务，也不要推托，只有去接受它，你才有可能超越自己。

3. 勇于做出决定

许多员工最怕的就是犯下错误后要去承担责任。因此，他们中的许多人采用了自以为很聪明的办法："不做任何决定。"这种做法有一个谬误的前提：不做决定就不会犯错，也就轮不到自己去承担什么责任。

而优秀的员工则摒弃了这种想法，他们敢于做决定，通常会把工作当成自己的一项伟大的事业来对待。他们绝不把工作当成一种谋生的手段，也绝不事事以自己的利益为出发点，置公司利益于不顾。因此，这样的员工能使公司稳定健康的发展。老板最欣赏这样的员工。

4. 对"这不是我的工作"说"不"

艾迪现在是一家五金供销公司的总裁。年轻的时候，他刚踏入社会谋生，在一家五金店当营业员。

有一天，一位顾客买了一批货物，有铲子、钳子、马鞍、盘子、水桶、箩筐等。这位顾客过几天要结婚了，按照当地的习俗，要提前购买这些生活和劳动用具。货物堆放在独轮车上，装了满满一车，连骡子拉起来也会有些吃力。送货员刚好休假，尽管这不是艾迪的职责，但他完全不在乎这一点，而是毫不犹豫地接受了这一任务，帮顾客送回了家。

老板对他的行为大加赞赏，认为他在自己店里只会埋没了他，便把他推荐给了自己的一位朋友，一家五金百货公司的老总。经过一番努力，他终于在这一行业里干出了一番成就。

作为公司里的一名职员，事关公司的事务，你不要以"这不是我的工作"为由，推卸自己的责任，置身事外，而应该抱着公司的事就是自己的事的积极态度，为公司的发展着想。那么，你就会为自己树立起认真、负责的工作信念，帮助自己成长为一名优秀的职员。

有时候，在工作和生活之中碰到一些并非我们职责范围内的工作，只要我们站在公司的立场上，为公司着想，而不是置身事外，采取观望态度。

那么，我们所作出的努力将会得到回报。

之所以要总结出这些优秀员工的特质，就是要对那些工作中推三阻四，老是抱怨，寻找种种理由为自己开脱的人；对那些不能最大限度地满足顾客的要求，不想尽力超出客户预期提供服务的人；对那些没有激情，总是推卸责任；对那些不服从上级指示，不能按期完成自己的本职工作的人；对那些总是挑三拣四，对自己的公司、老板及工作不满意的人说一声：快改正你的做法，做一名优秀的员工吧！

第 7 章

落实要到位，让执行不打折扣

执行力是衡量一位员工是否优秀的基本条件。在工作中，那些优秀的员工往往都是命令的坚决执行者，他们不会给自己找无用的借口，而是会尽自己最大的努力去解决问题，然后以一个完美的结果去复命。

执行，没有任何借口

在职场中，那些实现了自己的目标并取得成功的人，并非具有超凡的能力，而是具有超凡的心态，那就是没有任何借口地去执行。因为领导所青睐的往往是问题的解决者，而不是遇到问题就寻思着怎么找借口的借口制造者。喜欢找借口的人，虽然不会制造问题，但是却对解决问题没有任何的用处。这种缺乏正能量的人对领导而言，可以说是没有任何价值的，所以就不可避免地成了领导和公司所要抛弃的对象。

王涛是一家电器公司的高级工程师，虽然他很有能力，但却有一个缺陷，那就是喜欢找借口和抱怨，所以在高级工程师这个职位上待了十年，一直未得到进一步的晋升。

有一次，公司给客户安装新音响的过程中遇到了难题——要在一段长 32 米、直径只有 3 厘米、拐 6 道弯的已经嵌在墙体和地面的管道里穿过音响电线，这可难住了整个施工队伍。眼看工期就要结束，可大家还是无法攻克这个难关。

为此，经理指派王涛一定要在一天内解决这个问题，可王涛却说："拐 6 道弯的管道这种工程我们以前都没有见过，况且墙体还不能拆除，这个难度太大，别说一天，就是两天也不敢保证……"

听了王涛一连串的借口，经理很生气，就对身边的一个普通技工说："小高，你想想办法，尽量在一天内解决这个问题。"

小高听了后说："好的，经理，我一定尽快完成任务。"

晚上下班后，小高没有立即回家，而是在施工现场研究解决问题的方案。经过两个小时的苦思冥想，小高终于想到了一个可行性很强的办法。

于是，他当即给自己在生物医学实验室工作的姐姐打电话，从那里借了一公一母两只小白鼠。

这两只小白鼠被拎回来后，小高就开始实施自己的方案：他把电线绑在公鼠的腿上，让姐姐在管道的一头抓着公鼠，自己抓着母鼠在管道的另一头并使母鼠发出"吱吱"的叫声。然后小高让姐姐把公鼠放进管道，公鼠循着母鼠的叫声沿着管道爬到了另一头，就这样把电线也带了过去。

第二天一早，经理和王涛看着已经穿好的电线，被深深地震动了。这项工程结束后，经理马上给小高升了职。

借口是最为廉价且不具说服力的东西，它是一种危害性极大的负能量，不仅无益于任何工作的开展，还会让你失去别人的信任，而且更为严重的是，它会腐蚀你的心智，甚至可能会使你彻底丧失前进的动力。如果王涛能和小高一样，对于领导交代的任务，能无任何借口地坚决执行，那他就不会找不到解决问题的方法，就不会在高级工程师这个职位上待了十年都得不到晋升。

在职场如战场的今天，没有任何借口地去执行，已经成为无数业界精英秉承的理念和价值观，被众多企业奉为圭臬。它体现的是一种负责、敬业的工作精神，一种诚实、主动的工作态度，一种完美、积极的执行能力，是一种在职场中不可缺少的正能量。如果你想成为一名被领导青睐的员工，那你就要抛弃借口，无条件地去执行命令。

工作金言

在职场中，发展最快、成就最高的人，往往是没有任何借口地把执行做得最出色的人。

问题思考

EDS 是全球知名的计算机服务公司。该公司的创始人罗斯•佩罗在 1962 年从 IBM 辞职后创立了这家公司。当时他并没有强大的资金支援，对自己的前途也没有抱太大的信心。可是短短三年之后，EDS 就成为美国最大的计算机服务公司，到该公司上市的时候，它已经成为一家价值高达 80 亿美元的公司，而这一切都只不过是发生在短短几年之间的事情。

身为退役水兵，并没有太多计算机专业知识的佩罗是怎样做到这一点的呢？“我们从不给自己找借口，”在接受《商业周刊》记者采访的时候，佩罗这样说道，“做任何事情都有困难，我们能够完成许多在别人看来非常困难的工作，这就是我们的竞争力所在。”

结合佩罗的话及其故事，谈谈你是如何理解这篇文章的主题的。

拒绝“推、拖、空”，让执行变轻松

对于很多职场人士来说，他们总觉得对于领导吩咐的事情执行起来有时候会很吃力，究其原因，并不是因为事情本身有多难，也不是因为这些员工的能力不足，而是因为执行者把大量的时间耗费在“推、拖、空”上：“推”即推诿，推卸责任；“拖”即做事拖沓；“空”即浮于表面，落不到实处。以至于最后没有充足的时间去完成领导交代的事情。所以，要想执行变得有效和轻松，就必须坚决铲除“推、拖、空”这些负面情绪，提升迅速行动的正能量。

泰明是北京一家大型电脑销售公司的业务员。

一天，泰明所在的公司开会说有一位美国大客户要来北京考察，这对公司来说是个很好的机会。然而，有几家竞争对手也打算与这位客户合作，并且这几家公司都已经做好了迎接客户的准备。竞争是残酷的，所以公司希望全体员工能提前做好准备，争取到这次合作的机会。

转眼就到了客户来京考察的那一天。客户到达的当天，一家电脑代理工厂的业务经理张先生早早就来到了机场，本以为自己已经够早了，但没想到一到机场，就看见另一家大公司的笔记本电脑代工制造商的总经理早已带着四五个业务员等候在那里了。

张先生暗自后悔自己这两天一直把接待这件事往后推脱，结果导致今天自己冒冒失失而来，而且还是一个人，无论从阵容还是实力，自己都无法与之竞争。但不管怎么样，既然来了，还是得跟这位客户打个招呼，建立一下联系，说不定以后还有合作的机会。

飞机降落之后，来自美国的客户走了下来，正当大家都准备上去迎接的时候，却惊讶地发现，和客户一起有说有笑走下来的还有一个人——泰明。

原来，从公司会议上得知客户要来北京考察的消息之后，泰明马上就去了解客户的飞机航班信息，并且在客户转机的时候，他也一同坐上了飞机。

就这样，飞机还没有降落，泰明就已经和客户把合作项目谈得差不多了。尤其是当客户得知泰明是如何和自己坐上同一班飞机后，更是对泰明刮目相看。这位客户说，只有实力不俗的公司，才会培养出执行迅速的员工，和这样的企业合作自己很放心。

最终，客户和泰明所在的公司签订了合同，泰明也因为自己出色的表现，得到了晋升。

假如泰明和其他人一样，在机场等待客户下飞机，那他能否促成公司的这单生意，将是一个未知数。同理，如果其他竞争对手也能像泰明那样对工作迅速执行到位的话，说不定也可以拿到这个大订单。

那么，如何才能做到摒弃“推、拖、空”的负能量，凝聚迅速执行的正能量呢？这就需要员工能做到以下几点：

1．做到“今日事，今日毕”

作为一名合格的员工，你应该经常抱着“必须把握今日去做完它，一点儿也不可懒惰”的想法去努力行动，绝不要使自己变成一个懒惰成性、怠慢工作的员工，否则绝不会有任何企业和老板会重用你。

无论你今天有多累，无论你明天的时间有多充足，无论你有多少理由，如果你想尽快改掉自己做事拖延、不能立即行动的恶习，那就每天为自己列个事情明细单，要求自己做到“今日事，今日毕”；绝不要为自己找各种各样的借口，拖拉的结果只会让有待你处理的事情变得越来越多，身心越来越疲惫。例如，有一封商业信函急需你今天回复，你最好在下班之前把它完成；需要与一位客户见面，你也应该当天与对方联系上，把该交流、该处理的一些事都彻底地办完。

2．做好自我监督或让他人帮助监督

一天结束时，做一下自我总结，检查一下自己的做事效率。同时，你可以把自己的计划告诉别人，让他人帮助监督，在自尊心的驱使下可以对自己产生一定的压力，促使自己按步执行计划以按时完成。

3．制订一个能胜任的工作或学习计划

制订的计划一定要是你能胜任的，时间也要放宽松些，并要适合自己的作息习惯。这一步的目的是让你有能力和信心坚持做成一件事，事情成功后可以为你带来愉悦感和继续努力下去的动力。

总之，“立即执行”、“立即行动”是一切成功的基础，没有什么习惯比“推、拖、空”更能使人懈怠、减弱工作能力，也没有什么习惯比“推、拖、空”对一个人事业上的成功更为有害。因此，所有职场人士都应培养自己良好的执行力，服从企业的制度，服从老板的指令，从而为自己赢得更多的发展机会。

工作金言

最好的执行者，绝不允许推诿工作，既然问题出现了，就一定要立刻着手解决。

问题思考

周一早会上，经理把新的工作方案公布下来，并交代秘书整理好会议记录，第二天交给他。秘书想：明天交给老总就行，来得及。于是她便把这件事一直拖到下班。

晚上回家后，看到精彩的电视节目，她又对自己说：“一会儿再工作吧，先放松一下！”看完电视已经是深夜了，秘书已经没有心情和精力去完成任务了。

第二天早上，当她两手空空地站在经理面前时，经理对她失望地摇了摇头。

故事中的这个情景，有没有在你身上出现过？如果出现过，你当时是怎么想的？

工作不是被动应付，而是主动负责

畅销书《致加西亚的信》一书中这样写道："我钦佩的是那些不论老板是否在办公室都会努力工作的人，这种人永远不会被解雇，也永远不会为了加薪而罢工。如果只有老板在身边时或别人注意时才有好的表现，才卖力工作，这样的员工永远无法达到成功的顶峰。"

对于领导交代的工作，员工在执行时无非是三种状态：第一种，敷衍应付，做是做了，但是打了折扣；第二种，上级要求完成的，完成了，上级没要求的，不会多做；第三种，不仅上级要求的会做到，上级没有要求的，只要是有利于把事情做得更好的，都会主动去做，让结果远远超过上级的期望。优秀的员工，往往会用第三种标准去要求自己，也就是说不会应付式执行，而是负责式执行领导交代的任务。

周明扬刚刚大学毕业那年，便被分配到一家外企公司的行政部门工作。

这是一家实力非常雄厚的外企。按照惯例，每年年终的时候，公司都会召开全国代理商大会，一是为了趁这个机会表达公司对大家的感谢，二是为了交流经验。公司对每年的这个大会都非常重视。因为公司的总部在澳大利亚，董事长平时很少到中国来，但是每年的答谢晚宴，他都一定会亲自参加。

有一年年终晚宴，原来一直担任主持人的同事因为突然生病住院了，公司就让周明扬临时接替了这个主持的任务。因为周明扬口才比较好，加上大学时一直担任文艺部长，所以是公司里最适合做主持的人选。

按照一般人的想法，主持一个晚宴很简单，无非是把吃饭的气氛搞得热烈一些，多耍耍嘴皮子就可以了。

但周明扬却不是这么想的，他认为，这虽然是一场晚宴，但它却具有非常积极的意义。如果能最大限度地办好这次晚宴，它就可以体现出企业浓厚的人情味、增进公司和合作伙伴之间的感情、激发大家来年的销售热情，等等。加之董事长和大家一年只能见一次面，创造出一种最好的晚宴气氛就显得更为重要。

那到底该怎么做呢？他首先想到的是，既然见面，最重要的环节之一肯定是互相介绍，能不能从这上面下点工夫呢？

他开始认真琢磨了起来，董事长和大家难得见一次，就算是以前和一些代理商见过，可能很快也就忘了。另外，每年都有新的代理商加入，还有一些代理商换了人，所以绝大部分的代理商，董事长是不认识的。

可能很多人会想，不就一个介绍嘛，那也太容易了，谁不会说啊？把董事长带到大家面前，挨个说："这位是湖北的赵总，这位是江苏的马经理……"介绍完了，互相握个手，寒暄几句就完了。但这能取得最好的效果吗？可能被介绍的人都会这么想："人家不过是走个过场，我们也就应付两句得了，何必那么认真呢？"

那么，周明扬又是怎么做的呢？

经过一个晚上的认真思考，周明扬终于想出了一个办法。按照惯例，晚宴正式开始之前，董事长都会在贵宾室休息。于是，他利用这段时间，进去和董事长进行了简短的谈话，说明了自己的想法和意图。

等大家都落座之后，周明扬马上写了一张纸条，并亲自给董事长送了进去。

很快，晚宴正式开始。当董事长做完开场白之后，周经理便领着董事长来到了经销商桌前，挨个介绍并敬酒：“这是山西的总代理。”

董事长一听，立即热情地握住了对方的手，说：“山西的郑总，您好您好，去年山西的销售做到89亿元，是中国区业绩最好的，我相信您明年会取得更好的业绩！”

郑总一听，不觉一愣，心想：“我们可是第一次见面，他怎么知道我？”但随即就觉得一种自豪感油然而生，因为被澳大利亚的董事长认识，这是一件多么荣耀的事情。

接下来的介绍，董事长都一一叫出了对方的姓名。这让大家有了一种前所未有的感觉，每个人都觉得自己自尊心得到了极大的满足，并暗暗下决心明年要做出更好的业绩。

很多代理商也感到非常疑惑，因为他们根本就没见过面，董事长怎么会知道他们的名字呢？其实，秘密就在周明扬递给董事长的那张纸条上。

原来，宴会开始前，他跟董事长做了一下沟通，建议介绍时，董事长直接叫出对方的名字。这样，对方的感觉肯定会大不一样。等大家入座之后，周明扬把几个重点代理商的名字和去年销售排名的情况，按照自己要介绍的顺序写下来给董事长过目，这样，董事长只要按顺序记住对方的姓名和销售业绩就可以了。

晚宴结束后，董事长对周明扬这种主动负责、积极创新的工作精神大加赞赏，并当即做出将周明扬调往公司总部工作的决定。

面对同样的工作，周明扬的所作所为自是要比其他人更周到，更尽责。而为什么有的员工在接到同样的任务时执行的效果却不尽如人意呢？一个非常重要的原因就是这些员工一接到任务，第一个反应就是“真麻烦，整天都有做不完的事，真不想做”、“事情这么多，哪能事无巨细，差不多做完就行了”、“怎么还是让我做”……殊不知，这些消极的思想会使人的执行力大打折扣。

人生是由许许多多的事情组成的，而工作则是人生中最重要的一部分。把工作看成一个平台，你的价值和意义就体现在你所执行的任务当中！被动应付工作的人，是不可能以热情的态度来对待工作的，而他们内在的智慧、创造力也无法被激发出来，工作能力更得不到有效的锻炼。周明扬的成功，无疑是得益于自己身上主动负责的正能量。

所以，员工应该及时清除身上那种被动应付工作的负能量，不再为了工作而工作，只有这样，你才能在职场中把握各种机遇，收获丰硕的果实。

工作金言

成功只会青睐那些积极主动工作的人，而绝不会降临到被动应付工作的人身上。

问题思考

杨静在一家码头运输公司工作。有一次，公司总部的经理赶到杨静所在的城市去和客户洽谈生意，但忘记带名片了。于是经理告诉杨静去复印店给自己制作一盒名片。等到晚上8点多的时候，经理打电话通知杨静把名片送到自己的临时办公室。但杨静却告诉经理，她还没有去复印店。

经理听了非常着急，因为在明天的会议上自己要同客户交换名片，这是最起码的礼节。情急之下，经理急忙打了一辆出租车满大街寻找复印店。但是由于时间太晚，街上的复印店基本都关门了。不过功夫不负有心人，经理坐着出租车转了几条街后，终于找到了一家还未关门的复印店。

经理从复印店出来后已是深夜，他强压怒火跟杨静说了由于她的失误给自己带来的麻烦。杨静听了后觉得很委屈，她觉得经理并没有说他着急要用，如果经理交代着急要用的话，她会马上去做的。

后来经理虽然没有再批评她，但是从那以后经理再也没有吩咐杨静帮自己做事了。

如果你是故事中的杨静，你在接到经理的电话后会怎么做？如果你是经理，你在得知杨静并没有完成你吩咐的任务时，你心中是何感想？你在以后的工作中如何对待杨静？结合这个故事，说说你心中的想法。

期望二，做到十，把工作做到极致

一名优秀的员工，如果仅仅做到对领导的命令不打折扣地去执行，这还是远远不够的。因为员工要想在一群强有力的竞争者中脱颖而出，要想在职场中获得更快更好的发展，就必须尽快获得领导的青睐。这就需要员工在执行领导命令的时候做到一点：把每一件事都做到超出领导的期望。领导期望二，你就做到十。长此以往，你就一定会得到领导赏识，也会在职场中取得不俗的成绩。

众所周知，海尔集团如今已是世界知名的品牌。对于海尔集团所取得的令人瞩目的成绩，海尔的首席执行官张瑞敏曾说："海尔集团的发展，与全体员工的努力密切相关，但我更要提出赞扬的是我的助手——海尔集团总裁杨绵绵。她有着近乎痴狂的执行力，往往我期望二，她却能做到十。"

海尔集团的前身是青岛电机厂组织起来的一个生产合作社，当初这个合作社由于经营不善濒临倒闭，此时，具有超前意识的张瑞敏接手了这个合作社，并决定引进项目，转为生产冰箱。从生产电视机到生产冰箱，这可是一个很大的跨越，在那个年代，大家对冰箱的了解可谓少之又少。

为了对冰箱的生产过程有一个基本的了解，张瑞敏便让当时还是助理的杨绵绵去了解一下这方面的情况。

在多方打听之下，杨绵绵发现，当时国内并没有生产冰箱的技术人才。而她自己对冰箱的印象还停留在小时候看到的古董冰箱的记忆里。这下让杨绵绵犯难了：这么大的一个引进项目，总不能由一群什么也不懂的工人来操作吧。于是她特意去图书馆苦读了关于冰箱制造的书籍。经过几天的查阅，她找到了一本名叫《电冰箱》的书，感觉写得非常不错。

紧接着，她便专程去上海向写书的作者请教，并让他做海尔企业的顾问，同时还抽出很多业余时间请作者给自己详细讲解冰箱制作的基本原理。通过这样强化式的“学习”，杨绵绵从对冰箱的一无所知，到掌握了相关的知识。

在做这些深入调查的同时，她还派人向国内外的同行学习，然后结合自己之前掌握的知识，设计出了图纸，从此开始了电冰箱的研究和制造。

本来，张瑞敏只是希望杨绵绵去了解一下情况，换成其他人，或许只会走个过场，或者干脆交给底下人去做。毕竟，自己对冰箱的制作一无所知，哪能那么快就成为这个领域的专家，何况，自己是管理者，具体的研发，完全可以交给技术人员去做。但杨绵绵却不这么想，她心中想的是，既然企业决定做冰箱，自己就应该成为这方面的专家，如果连最基本的知识都不懂，还怎么去抓管理和产品安全。可以说，如果没有当年杨绵绵那种超乎寻常的执行力，或许就没有海尔后来那么迅速的发展。

这种执行不打折扣，做事精益求精的工作精神，在杨绵绵身上不胜枚举。

有一次，杨绵绵在视察生产车间时，发现一台质量合格的冰箱抽屉里有一根头发。杨绵绵看到之后，立即叫来全体相关人员召开了紧急会议。对此，有人说她这种做法未免也太小题大做了，不就是一根头发嘛，拿掉就行了，又不会影响质量，有必要这么大动干戈吗?

对此，杨绵绵却说出了这样一句话："抓质量就是要一根头发丝也不能放过！今天对一根头发丝视而不见，明天就会对更大的问题同样对待。头发丝虽小，但它关系到责任心的问题。"

杨绵绵之所以认真到连一根头发丝都不放过的程度，是因为从海尔创业时开始，张瑞敏就把质量问题当成关系到企业生死存亡的大问题来抓，甚至不惜砸掉了70多台有问题的冰箱。他还格外要求管理干部对大家的质量意识常抓不懈。

为了落实这种精神，杨绵绵对质量问题抓得很严，于是在遇到这根头发丝的情况时，绝对没有把它当成小事。正因为她能将张瑞敏的要求和企业的制度落实到一般人觉得难以理解的程度，才让海尔集团从未在质量上出现大问题或纠纷。

评价一个员工的成功与否，在于他无论做什么都力求做到比领导所期望的更好。当一个人对自己的期望比领导要求的还高时，那他离成功也就不远了。因此，在工作中，要超越领导对自己的期望，就要以更高的标准来要求自己。能做到最好，就不做到比较好，能做到"十"，就绝不只做到领导期望的"二"。这样，领导才会越来越相信你，你才会离成功越来越近。

工作金言

领导要求做到的你要做到，领导没有要求做到的你最好也要做到。

问题思考

一位世界知名的企业家在一次员工培训会上讲了这样一个故事：

“有一次，我应邀到一位学员家做客。这是一位刚刚毕业两个月的大学生，做老总的秘书。在她的书桌上，我看到一张备忘录上写着‘时刻记得提醒老总的20件小事’，内容包括：提醒老总带好名片；提醒老总开会时间……

我一边仔细阅读着上面的内容，一边问她：‘你的工作很细致啊，这么细小的事情你都要提醒老总吗？’

她笑着回答我说：‘我想，作为一个下属，应该常常问自己三个问题：领导需要什么？我能做什么？我应该怎么做得更好？写在纸上的这20条，尽管领导从没有要求过我，但领导的做事风格是宏观整体上把握得很好，对一些小细节却比较容易忽略。既然领导有时候需要提醒，那我这个当下属的当然有这个责任。’

后来，再见到她的时候，她已经不再担任文秘工作，而是成了集团的办公室主任。对她有这样的发展我一点也不觉得惊讶，因为如果她是我的下属，我也愿意给她这样的平台。”

结合这个故事，谈谈你的看法。

责任，让“傻子”更容易成功

在工作中，有些员工不像“聪明人”那样考虑太多，他们不会投机取巧，也不会去寻找捷径，面对领导交代的工作和任务时，他们只会勤勤恳恳、兢兢业业地去坚决执行。

对于这些员工，有些人把他们看成是“傻子”，觉得他们整天在做着吃力不讨好的事情。殊不知，这种被他人看成是“傻子”的员工，其实才是真正聪明的人，因为他们知道责任对于工作的真正意义。也正是因为他们身上具备的这些勤恳、踏实、勇于执行等正能量，才造就了他们更容易创造成功的奇迹。

罗伯斯原本是一家企业生产车间的普通工人。2009 年，公司招聘营销人员时，他主动请求调入营销部门，并顺利通过了从事营销工作的所有测试。

由于罗伯斯刚刚加入营销部门时，企业的规模还很小，只有不到四十个人。企业领导考虑到财力和人力的严重短缺，所以开发新市场时，每个市场只分派了一个业务员。罗伯斯被派到了北部一个市场。

在这个完全陌生的城市里，罗伯斯吃尽了苦头，但凭着对企业的一片赤诚之心和超强的责任感，他丝毫没有动摇。没钱坐车，他就步行，挨家挨户去推销公司的电器产品。为了等一个约好的客户，他常常顾不上吃饭。他租住的是当地人闲置的车库，没有电灯。更为要命的是，这个城市春天经常有沙尘暴，夏天时常会下冰雹，冬天又是阴雨连连，这对一个物质条件贫乏的推销员来说无疑是一个巨大的考验。

不仅如此，公司为业务员提供的条件也差到超乎罗伯斯的想象，连产品宣传资料都无法供应。罗伯斯只好自己购买复印纸，自己动手写宣传资料。即使在这样艰苦的条件下，罗伯斯也没有退缩过，他对自己说："我有责任把我从事的这份工作做到最好。"

一年后，被派到全国各地的营销人员都回来了。其中8个人早已不堪忍受工作的艰辛而气恼地离职了，但是罗伯斯坚持下来了，而且他是干得最好的一个。

最好的员工当然会有最好的回报。三年后，罗伯斯被任命为市场总监，而此时的公司已经发展成为拥有近千人的中型企业。

有位名人曾经说过："如果有事情必须去做，那就全身心投入去做吧！"一个人无论从事何种职业，身居何地，都应该尽职尽责，全心全意地把工作做好，这不仅是工作的原则，也是人生的原则。纵观那些成功人士，他们无不是头顶着"傻子"的头衔在各自的工作领域中兢兢业业地工作，尽职尽责地干好每一件事，才取得成功的。

曾经风靡一时的电视剧《杜拉拉升职记》中的女主角杜拉拉，她在那些精明的职场人士的眼中无疑是个十足的"傻子"，但正是这样的"傻子"，靠着自己"老黄牛"的形象深入人心，并通过"傻子精神"最终一步步地升了职、加了薪，取得了他人无法取得的成功，还因此结识了公司的销售总监王伟，两人开始了一段甜蜜的爱情。

所以，无论是在职场还是在生活中，我们都应该学习"傻子"的那种责任感。这种责任感作为一种正能量，如果你能把它贯穿在自己的整体意识当中的，它就会渐渐演变成为一种处世的态度，并能帮助你战胜一切困难。如果你有着良好的敬业精神和责任感，即使你被他人看成是“傻子”，这也丝毫不会妨碍你成为领导青睐的员工。

工作金言

一盎司的责任会胜过一磅的智慧。

问题思考

阿基勃特是美国标准石油公司的一名普通职员，但他无论在什么场合中签名，都不忘附加上公司的一句宣传语“每桶4美元的标准石油”。时间一久，公司的同事和熟识他的朋友干脆给他取了个外号——每桶4美元，他的真名反而没人再叫了。

时任公司董事长的洛克菲勒听说了此事，便叫来阿基勃特，问他：“别人用‘每桶4美元’的外号叫你，你为什么不生气呢？”阿基勃特答道：“‘每桶4美元’不正是我们公司的宣传语吗？别人叫我一次，就是替公司免费做了一次宣传，我为什么要生气呢？”

洛克菲勒感叹道：“时时处处都不忘为公司做宣传，我们需要的正是这种有责任感的职员。”

五年后，洛克菲勒卸下董事长一职，阿基勃特成为了标准石油公司的下一任董事长，他得到升迁的主要原因就是对待工作一丝不苟，充满了责任感，一直坚持不懈地为公司做宣传。

结合自己在职场中的表现，谈谈你对这个故事的看法。

正能量加油站：让执行更到位

执行并不是按计划做事情，或按部就班。执行有两个方面的含义：首先明确目标去做，其次有创造性。当遇到执行偏差时，优秀员工会做出判断，知道该做什么，以及做了以后带来的影响，不仅仅是服从，而是判断。公司随时会面临风险，任何情况下，都需要有人来做判断。增强你的执行力需要注意以下几个方面。

1. 从工作本身去理解工作

当然，影响公司执行力的因素有许多，其中一个致命的因素就是员工对待工作的态度。如果领导者不重视，势必影响到公司的整体进展。索尼创始人盛田昭夫认为："从外部看待问题是有局限的，只有从内部观察才能看透事物的本质。"有的工作表面上看十分无味，只有当员工自己身临其境，努力去做时才能体会到其中的乐趣与意义。所以，不管自己是什么样的人，都要从工作本身去理解自己的工作，把工作看成自己人生的权利与荣耀——这将是自己保持个性独立的唯一方法。

《哈佛商业评论》则认为，行为本身说明不了它工作自身的性质，而是由员工在行动时的精神状态来决定；工作单不单调，也由员工在工作时的心境来决定。

2. 注意每一个细节

杰克·韦尔奇非常强调注意每一个细节的重要性，他说："制订一项明确的任务，然后坚定地努力实现目标。但是它也强调，在你采取行动前必须掌握细节。这样做有很多理由：首先，细节肯定会改变你对各种选择方案的看法；其次，一旦你做出了选择，掌握细节可以使你在行动中表现得更出色，而且能够增强本单位的凝聚力；此外，同样重要的是，掌握细节还有助于增强领导者的信心。”

可靠的战略需要合理的实施。如果不能得以执行，即使是最好的点子也毫无意义：因此细节——尽管它们经常令人生厌——却有可能决定最好的行动方案。

如果你要在大事上表现出众，就要在小事上养成好的习惯。最终，很可能有正是对小事的关注才帮助你赢得了一场关键性的胜利。因此，不要与小事脱节——特别是在你步步高升的时候。

员工必须去执行领导下达的命令，哪怕这个命令是不很合理的。如果认为自己的工作与自己无关，那么这个公司面临破产的危险。瑞伯特先生曾提出过这样严厉的警告：“假如人们只追求政府职位与高薪水，那就是这个民族的独立精神已经枯竭的危险信号，如果一个国家的国民只是竭尽全力追求这些职位，这个民族将会迈向奴隶一般的生活。”

第8章

要事第一，高效第一，结果第一

对于一个高效能人士来说，一天不止24小时，他们往往具有一种正能量，能通过给自己的工作排号入座、将工作化繁为简、将零碎时间盘活等各种途径，提高自己的办事效率，从而成为企业中最受欢迎的人。

分清事情的轻重缓急，提高工作效率

亨利·杜赫是美国著名都市服务公司的创始人，他曾说过："员工的两种能力是千金难求的无价之宝，一是思考能力，二是能分清事情的轻重缓急并妥善处理的能力。"由此可见，思考与分清事情的轻重缓急并妥善处理的能力对于企业员工来说有着重要的意义。

很多员工看起来非常忙，但他们却不会制订工作计划，每天都处于一种无序的忙碌之中，从来不会区分事情的轻重缓急，结果就是，尽管费了很大的周折，但工作效率却得不到有效地提高；而企业中还有一种员工，他们总是非常有条理，工作时也从来不会眉毛胡子一把抓，虽然，他们看起来并不十分忙碌，但其工作效率却高得惊人。

为什么会出现这样迥异的结果呢？其秘诀就在于后者能更加合理地安排做事的顺序，能做到要事优先，从而节省了大量的时间来完成相应的工作任务。其实，这也是一种正能量，一种能使工作效率得到最大量化的方法之一。

有一位员工总是完不成工作任务，很多同事都说他是在"磨洋工"、"混日子"。这位员工觉得非常委屈，因为，他觉得自己做的工作并不少：每天早晨到了办公室，他便把办公室打扫得干干净净，然后拿着喷壶浇办公室的花草；接着，他就一趟一趟地往物业跑，为的是能在第一时间取回公司的报刊以及信件；公司的快递都是送到行政部集中向外发送的，为了避免发送出去的物品在货场受损，他就用胶带给包装箱再次加固……

于是，这名员工非常委屈地找到部门经理诉苦。他对经理说："我感觉自己的工作量很大，每天都有忙不完的工作，有时一件事情还没完成就要去做另一件事，我怎么可能是在'混日子'？"

经理听他说完，便给这名员工讲了一个故事：

从前，有人做了这样一项实验，这位设计者将一个玻璃容器、一堆细沙、一堆较小的石子和一堆较大的石子放在实验台上，要求两名实验参与者将这三种物质放置到容器中。

第一位实验者不屑一顾地看着这三种物质，随手把细沙倒入容器中，然后把小石头子倒了进去，最后往容器中倒进那些较大的石子。但是，当他倒了一大半的时候，剩下的大石子无论如何也放不进去了，第一位实验者只能作罢。

第二位实验者并没有急于动手，而是先看了一下要放入的物质，随后便按照与第一位实验者相反的顺序来进行，就这样，他先把较大的石头子倒入容器中，然后再将碎石子倒进去，摇一摇，再往容器中加一些，最后，他成功地把细沙也倒入了容器中。也就是说，第二位实验者把三样东西全部倒进去了。

讲完这个故事后，这名员工陷入了思考。随后，经理说道："你看，同样多的石头和沙子，但由于投放顺序的不同便产生了不同的结果。其实，工作也是一样的，在有限的时间里，同样的工作任务，我们只有根据事情的轻重缓急来进行，才能在最大限度上提高自己的工作效率。"

这位员工恍然大悟，原来，自己在琐碎事务上分配的时间太多，挤占了重要工作任务的时间。听完这个故事，他终于明白了自己完不成工作任务的原因。

这名员工做事喜欢眉毛胡子一把抓，没有分清事情的轻重缓急，所以才会无法完成工作任务。在工作中，这样的人不在少数。其实，工作是永远做不完的，只有分清了不同工作的轻重缓急，根据事情的轻重缓急来分配时间和精力，才能够取得更好的工作成绩。

工作并不是一件一蹴而就的事情，面对纷繁复杂的工作，我们需要理清头绪，分清主次，这样才能在工作中最大限度地发挥自己的正能量，从而集中更多的精力做重要的工作，同时恰到好处地完成次要的工作，最终提高我们的工作效率和工作业绩。

工作金言

工作总会有轻重缓急之分，把正确的时间用在对的事情上，这样才能激发正能量，用最短的时间完成最多的工作。

问题思考

一个大集团公司总裁要求秘书呈递给他文件时要放在各种颜色不同的公文夹中，每一种颜色都代表文件的不同情况：红色的代表特急，绿色的要立即批阅，橘色的代表这是今天必须注意的文件，黄色的表示必须在一周内批阅的文件，白色的表示周末前必须批阅，黑色的则表示是必须他签名的文件。

这种方法大大提高了总裁的办事效率。

结合上面的案例，回答下面几个问题。

问题一：为什么这种方法能够大大提高总裁的办事效率？

问题二：在工作中，你是否是一个善于妥善而合理地安排好事情的轻重缓急的人？

以繁化简，追求工作高效率

我们经常会看到这样的现象：某位员工就某件事情汇报了半天，领导依然不得要领，不知其说话的主要意图；某位员工就某件事写了一篇报告，洋洋洒洒数千言，然而，到底要表达什么，领导看了半天也不明白；领导交给员工一项简单的工作任务，员工却办得非常复杂，让领导头疼不已……这是员工在工作中效率低下的普遍表现。

现代管理学之父彼得·德鲁克曾经说过这样一句话："时间是最宝贵而有限的资源，不能管理时间，便什么都不能管理。对时间的管理直接关系到工作效率的高低。"而在对时间的管理中，最有效的便是将工作以繁化简，实现对时间的"简单管理"。

> 宝洁公司是世界500强企业之一，其提倡人员精简、结构简单。
>
> 宝洁公司推行简单高效的卓越工作方法，他们厌恶任何超过一页的备忘录。对此，曾任该公司总裁的哈里说："从意见中择出事实的一页报告，正是宝洁公司作决策的基础。"
>
> 当然，在实践中，如果他遇到冗长的备忘录时，通常都会退回，并加上一条命令："把它简化成我所需要的东西！"或者，他会对备忘录的作者说："我不理解复杂的问题，我只理解简单明了的。"

宝洁公司提倡的正是以繁化简，提高做事效率的企业文化。对此，主要从事组织沟通管理咨询的艾森克·胡德曾经对美国企业进行过一项调查，研究结果显示，造成员工工作过量、效率低下、时间紧张的原因就在于“缺乏焦点，不会在工作中删繁就简”。

的确如此，在当代企业中，做任何事情都要讲究效率和效益，那些只知道苦干、瞎忙的人，最终只能被企业淘汰。追求高效率，这是企业最需要的，也是对员工最基本的要求。而要想追求高效率，必备的一种技能便是简化工作中的问题，避免冗繁。那么，员工在工作中应如何以繁化简，提高自己的工作效率呢？下面的技巧可供参考：

1．简化问题

简化问题是提高工作效率的重要原则，在工作中，同样的工作内容，高效工作者总会动脑寻找快捷的方法，简化问题，从而迅速、高效地完成任务。

简化问题首先要正确地组织安排自己的活动，这也就意味着准确地计算和支配时间，虽然客观条件使得你一时难以做到，但只要你尽力坚持按计划利用好自己的时间，就此进行分析总结并采取相应的改进措施，你就能赢得效率。

2．避免冗繁

冗繁是效率管理的大敌，在工作中，出色的高效能员工应当善于把握事物的重点，将看似毫无头绪的工作化繁为简，以简单取胜。

在激烈的市场竞争环境中，任何一家企业，只有高速运作，抢占先机，才能在竞争中屹立不倒。也正因如此，只有那些节约时间，善于将工作化繁为简，能够帮助企业提高效率的员工，才能给企业带来更多的正能量，从而成为最受企业欢迎的人。

工作金言

化繁为简是提高工作效能的有效措施，以繁化简，简单制胜，这样，工作才会变得越来越简单。

问题思考

美国威斯门豪斯电器公司董事长唐纳德•伯纳姆在《时间管理》一书中提出自己提高效率的一项重要原则：在做每一件事情时，应该问自己三个“能不能”：

1. 能不能取消它？

2. 能不能把它与别的事情合并起来做？

3. 能不能用更简便的方法来取代它？

唐纳德•伯纳姆认为，这三个原则是将工作以繁化简的重要途径，只有将复杂的事情简明化，才不至于被纷繁复杂的现象所迷惑，处于被动忙乱的局面中。

结合唐纳德•伯纳姆的观点，回答下面的问题。

问题一：你如何理解唐纳德•伯纳姆的这三个原则？

问题二：在你的工作中，你是否有因化繁为简而提高效率的经历？

节约时间，便是在为企业创造效益

在职场中，我们不难看到这样一个现象，每一个事业有成的人都非常珍惜自己的时间。对于企业和老板来说，他们更看重的也是那些善于节约时间的员工。善于节约时间的人，他们拥有一种正能量，总能让同样的工作时间发挥出最大的价值，因此他们总是能够比别人为企业带来更多的效益。

在美国近代企业界里，与人接洽生意能以最少时间产生最大效率的人，非金融大王摩根莫属。

每天上午9点半，摩根准时进入办公室，下午5点准时回家。有人对摩根的资本及工作时间进行了计算，得出结论说，他每分钟的收入是20美元。但是，摩根自己说，好像不止这些，因为，他对时间是个不折不扣的“吝啬鬼”。

摩根不是一个人待在房间里工作，而是在一间很大的办公室里与许多员工一起工作，这样，他便可以节约时间，随时指挥他手下的员工去照他的计划行事；摩根就在那间大办公室里办公，所以，当员工走进去时便很容易见到他，但如果没有重要的事情，他绝对不欢迎任何人的打扰。

除此之外，除了与生意上有特别关系的人商谈外，摩根与人谈话绝不超过5分钟，他能够轻易地判断出一个与他接洽的人到底所为何事。因此，当别人与他谈话时，一切转弯抹角的方法都会失去效力。而对于那些本来就没有什么重要事情需要接洽，只是想找个人来聊天的人，摩根根本就不予理睬。这种卓越的判断力为他节约了许多宝贵的时间。

摩根视时间为生命，而他之所以最终能成长为一代金融大王，与他卓越的节约时间法是密不可分的。

虽然，摩根对待时间近乎极端，但从其事例中，我们不难悟出一个道理：节约时间实际上便是在创造效益。而作为一名员工，节约时间的意义不止于此，要想得到更多的报酬，就要高效率地完成工作，也就必须要善于利用自己的时间。因为，能否对时间进行有效的管理，这直接关系到员工工作效率的高低和企业经济效益的高低。

而在职场中，许多员工正是因为不懂节约时间才失去了为自己获得更多报酬、为企业赢得更多效益的机会。

李静是一家广告公司的业务员，她每天都在不停地奔波，极力招揽广告业务。

一次，在李静的再三恳求下，一家贸易公司的经理终于答应让她在星期二上午10点到自己办公室来，与她面谈广告合作业务，李静非常高兴。

然而，约会当天，李静居然比约定的时间晚了15分钟。李静不以为然，径直走向了经理办公室，然而，她却被告知经理已经外出了。李静大为恼火，她觉得这个经理太不守信用，竟然欺骗自己，最终，她只能悻悻地离去了。

过了几天，李静在外面跑业务时，无意间又遇到了那位经理，她正要问其为什么没有等自己时，那位经理却反问她那天为什么没有准时到。

李静振振有词地说："经理，我去了呀，那天我10点多到您的办公室了呀。"

经理马上提醒她："可是，李女士，我与你约的是10点啊！"

李静心里并不服气，她狡辩地说道："是的，您与我约的是10点，可是，我只是迟到了15分钟而已，这有什么要紧呢？您怎么不等我一下呢？"

这时，经理很严肃地说："也许，在你看来，15分钟无关紧要，可是，在别人眼里，准时赴约却是极其重要的事情。就在当天上午，我又接洽了另一个广告公司，正是你的不准时，让你失去了你所向往的那笔广告业务。"

李静马上心虚地问："难道就因为我迟到了几分钟，就失去了和您合作的机会？"

经理正色说道："现在我要告诉你，你不能认为别人的时间不值钱，认为等几分钟不要紧。老实告诉你，在那十几分钟的时间里，我还预约了两个重要的谈判项目呢！年轻人，你要记住，在职场中，节约别人的时间，就等于为自己创造业绩，而浪费别人的时间，也等于是在浪费别人的效益，没人喜欢没有时间观念的人。”

李静正是由于没有养成准时做事的习惯，不懂得节约自己和别人的时间，从而失去了一个好不容易才争取来的赚钱的机会。

时间是公平的。对于所有员工来说，工作时间都是的 8 个小时。然而，对于有的员工来说，8 个小时中只有 5 个小时的效率，而对于有的员工来说，8 个小时却有 10 个小时的效率。对待时间不一样的态度，自然会有不一样的工作效率，工作成果自然也就不尽相同。要知道，不合理地使用时间，即使计划再好、目标再高、能力再强，也不会产生好的效果。

假如你想在工作上获得成功，就必须认清时间的价值，认真计划，节约自己也节约别人的时间，用心去做每一件事。节约时间是一种正能量，这是每一个员工只要肯做就能做到的，同时，也是成为一个职业人走向成功的必由之路。试想，如果你连时间都管理不好，又如何能管理好其他的事物，又何谈能在工作中拿到高薪呢？

工作金言

要想企业与个人获得共赢，就必须学会主动地把握时间、规划时间、管理时间，让有限的时间发挥更大的效用。

问题思考

陈星是一家出版公司的老总，有朋友向他推荐了一家印刷公司的老板，这位老板想与陈星合作。

然而，他们会面时，尽管这家印刷公司的老板带来了精美的样本、仔细计算好的价钱建议和热情的许诺，但陈星在他未到会前就决定了不与他合作。

因为，这家印刷公司的老板迟到了 20 分钟。陈星说：“我从来不和浪费我时间的人合作。准时对于我们挑选合作伙伴是十分关键的，一般来说，我的产品的印刷部件星期一送到，星期二装订，星期三发送到我下星期出席的座谈会地点，迟一天都不行。所以，当那位印刷公司老板第一次会议就不能准时出席的时候，我就推断出不能指望他把我们的工作干好。”

结合上面的案例，回答下面几个问题。

问题一：在工作中，你是一个守时、节约时间的人吗？

问题二：你有没有过因没有很好地管理时间而事倍功半的经历？

查找时间“漏洞”，提高时间利用率

随着竞争压力的不断增大，很多员工都觉得不管怎么安排，每天的工作时间似乎总是不够用。然而，对于那些能够合理安排时间的人来说，却总觉得工作时间绰绰有余。那么，如何才能提高时间的利用率呢？

我们不妨看看世界销售大师原一平是怎么做的。

原一平是日本寿险业中的一个声名显赫的人物。日本有近百万的寿险从业人员，其中，很多人不知道全日本最出名的 20 家寿险公司总经理的姓名，却没有一个人不认识原一平的。他的一生充满传奇，最穷的时候，他连坐公车的钱都没有，然而，他却从被乡里公认为无可救药的小太保，最后成为了日本保险业连续 15 年全国业绩第一的“推销之神”。

原一平对自己的销售工作有着近乎痴狂的热爱，也对自己的时间有着近乎痴狂的珍惜。

每天早上，原一平6点准时起床开始自己一天繁忙而紧凑的生活。他认为，每一分钟的时间“漏洞”都是不允许的，甚至连吃早饭的时间也不例外。

为了不浪费那些零碎的时间，原一平在穿衣服的时候就让他的妻子将一个一个的小饭团放进他嘴里。这种小饭团是原一平为了配合自己节省的要求而发明出来的，正好一口一个，这样，他便能在穿衣服的间隙中将吃早饭的时间节约出来。

当原一平结束了一天的销售工作回到家中时，已经是晚上8点多了，奔波了一整天的他并没有在吃完饭、洗完澡之后直接睡觉，而是继续做自己未完成的工作。一般来说，原一平到晚上11点以后才能就寝，甚至在睡梦中，他都在研究自己的产品推介词。

毫无疑问，原一平是节约时间的高手，那些零碎的小时间，也都被他高效地利用起来，而他之所以能取得让人瞩目的销售成绩，与其对时间的高利用率是分不开的。当然，像原一平那样节约时间对于我们来说，不免太过于苛刻。然而，原一平查找时间漏洞，高效利用零碎时间的习惯却值得每一位职场人士学习。

零碎时间往往被人们毫不在乎地忽略过去了。零碎时间虽短，但如果我们可以充分地利用它们，那么创造出来的价值将会超出一般人的想象。与此同时，如果充分利用零碎的时间，便能使人具备一种正能量，因为，当那些细小的时间也被利用起来的时候，你便会觉得自己的时间在不知不觉中多了起来，而完成的工作任务，也会在不知不觉中多起来。

张静是一家公关咨询公司的优秀员工，她每年都接不少的案子，所以，她也总是“飞来飞去”的。

张静非常注重与客户维持良好的关系，同时，她也非常善于利用那些零碎的时间，所以，她经常利用飞机上的时间给客户写短笺。

一次，一位同机的旅客在等候领取行李时和她攀谈起来，他说：“在3个多小时的行程中，我注意到你一直在写短笺，这种充分利用时间的意识真让人佩服。我敢说，你的老板一定以你为荣。”

这时，张静微笑着回答道：“我就是老板。”随后，她补充了一句，“我是自己时间的老板。”

张静的回答，无不幽默，但我们不难从其表现中读出一种正能量，一种积极工作的正能量，一种善于做时间的“老板”的正能量。有着这样的精神，她又何愁自己不会成为事业上的老板呢？

而纵观当代企业中，很多员工都并没有意识到零碎时间的重要性。其实，在实际生活和工作中，无论你多么有效率，总是有机会让你处于零碎时间的荒废中：你可能错过地铁、公交、飞机，碰上出其不意的中途休息；也许，你已经尽可能详尽地计划每一件事，但你也可能意外地被困在机场，平白多了几个小时的闲暇时间可以利用。

面对这些零碎的时间，一般人只是在无所事事的等待中度过，而那些带着正能量生活和工作的人在这种情况下往往也会有所行动：看看书，写点东西，修改一下报告，可以在这样的时间里做任何工作。这样，他们便挖掘出了自己隐藏的时间，同时，也向成功者的行列迈近了一步。

凡是在事业上有所成就的人，几乎都是能有效利用零碎时间的人，本杰明·富兰克林曾说：“世界上真不知有多少可以建功立业的人，只因为把难得的时间轻轻放过而默默无闻。”所以，我们每个人每天都会有很多零碎的时间，如果把这些小时间合理利用起来，便能够为自己注入更多的正能量，从而更大限度地提高工作效率。

工作金言

平庸的员工看不到细碎如沙的零碎时间也可以建造起一座城堡。

问题思考

美国著名作家杰克·伦敦的房间中有许多独一无二的装饰品，那便是他家中到处贴满的各色各样的小纸条。而这些小纸条上面写满了各种各样的文字——美妙的词汇，生动的比喻，五花八门的资料，等等。

杰克非常偏爱这些纸条，几乎和它们形影不离，因为他不愿意让时间白白地从眼皮子底下溜过去。躺着的时候，他默念着贴在床头的小纸条；第二天早上，他会一边穿衣，一边读着墙上的小纸条；在休息时，他也可以到处找到启动创作灵感的词汇和资料……

不仅在家工作的时候如此，外出的时候，他也不放过闲暇的一分一秒——他把小纸条装在衣袋里，这样，便随时都能掏出来看一看，想一想。

最大限度地利用零碎时间，这是成功者的秘诀，也是值得借鉴的好方法。在工作和生活中，你有合理利用零碎时间的习惯吗？如果没有，不妨从现在做起吧。

正能量加油站：严守规则，工作第一

现代职场中，规则无处不在。这些规则可能没有明文规定，也没有人为的刻意提醒，但这是员工必须严格遵守的。如果员工任意而行，打乱了这些职场规则，那么企业的发展将会受到影响，个人的前途也会因此而蒙上灰尘。

1. 做诚实正直的人

经常回顾一下自己的所作所为，是否能为自己的诚实而自豪？如果不能，应该好好反思一下，想一想，为什么会做出一些不诚实的行为和举动？这么做值得吗？如果当时坦诚以待，事情的结果会不会更好？能从错误中学习，并说服自己成为一个诚实可信之人，才是可造之才。

时刻用良知来提醒自己，它会随时告诉你：你的所作所为，哪些是诚实的，哪些是不诚实的。

正直是与诚实相伴的。你的所言、所想和所做，要努力保持一致。老板将会注意到你，把你同那些言行不一的人区别开来，从而更加信任你、重用你。

正直是你获得工作成功的品质，优秀的老板都提倡这种精神。他们对诚实和正直的具体建议和做法要求如下：

（1）不要有意识地误导或说假话，不要不负责任地信口开河；

（2）不要采取骑墙态度；

（3）不要不守信用，自食其言。

人无信不立，良好的信誉能给自己的生活和事业带来意想不到的好处。诚实、守信是形成强大亲和力的基础——诚实守信会使人产生与你交往的愿望，在某种程度上，会消除不利因素带来的障碍，使困境变为坦途。

2. 不泄露公司机密

你能恪守公司的商业机密吗？实际上，在办公室里，总会有一些秘密存在，尤其是在如今复杂的环境中，不论这关乎商业机密或是企业变革，只要你是属于公司的一员，你都有职责替公司保密！保密还带有一些道德情操在内，特别是商业机密，更属于职业道德范畴。

作为员工，职业承诺的履行是衡量一个人职业道德和职业操守的重要指标。只要是公司企业的一员，就应当抛开任何借口，投入自己的忠诚和责任，当你把身心彻底融入公司，尽职尽责，处处为公司着想，理解上级主管的压力和公司老板的难处时，那么，忠诚便会带来信任，你将被委以重任，给你带来你想要的一切。请记住：忠诚是你取信于他人最好的证明。

我们在应征一份工作时，资方通常会要求我们签署一份合约，合约内容中一定会有一条是要求我们不得泄漏公司机密。由此可知，不论你的工作绩效如何，保密是公司希望我们能做到的一项基本责任。毕竟许多机密关系到公司发展前景，有规模的公司竞争对手也越多，对手一定希望能多知道公司内部的一些情况，以期寻找进攻的路径或改进竞争的策略。不过身为公司的职员，我们有义务维护公司权益，毕竟让对手知道公司的一切，优缺点完全暴露出来，那我们有何竞争优势可言？

忠诚于自己的公司，忠实于自己的老板，与同事同舟共济，共赴艰难这样便可获得一种集体的力量，个人的职业生涯就会变得更加饱满，事业就会变得更有成就，这样便可感受到工作的乐趣，工作便可成为一种享受。相反，那些表里不一，缺乏诚信，将职业承诺当成儿戏的人，便有整天陷于尔虞我诈的复杂的人际关系中的可能，同时也失去了加薪升职的可能。

3. 不在工作中传播“小秘密”

在公司里，总有一些人嘴巴闲不住，到处乱讲话。他们一有机会就会凑到一起，东家长、西家短地议论某部门的不足或议论同事的私生活。你可能也会经常参与其中，津津乐道把自己听到的小道消息四处传播，在背后飞短流长地议论别人。

公司是一个整体，员工之间只有相互配合，团结一致，才会有所发展。如果这种说长道短的坏风气在公司弥漫开来，就会产生不团结的裂痕，使个人的工作也受到影响。

4. 其他一些规则

上班不迟到，试用期间当然更是不容这种情形发生。

凡事停看听。由于对公司的一切还很陌生，因此在做事时千万不可过于轻忽，不懂就说出来，凡事多问多看，切忌不懂装懂。

上班时间不拨打私人电话。在办公室里，原则上禁止打私人电话，虽然说打一两个私人电话不是什么大事，却是不折不扣的假公济私。如果有急事必须打电话也不要太过拘泥，只是自己要掌握好分寸。

如果是打进来的私人电话，也应尽量缩短通话时间，不可长时间占用办公室的电话交谈，以免重要的电话打不进来。如果事情需要长时间交谈，可告知对方，现在是上班时间，等下班后再打过去。总之，上班时间要全心全意地工作，把私人的事情尽量放在下班后去办，如果有非办不可的事情，也要征得上司的同意后才可去做。

如此种种，都是一个优秀员工应遵守的规则，把工作放在第一位，其余的都以做好工作为基础。

第9章

专心才能优秀，用心才能创新

平凡的工作，只要用心去做，就能做得不平凡；普通的工作，只要打破规则，用心去创新，便能做得不普通。

不要像时钟一样机械地转动

成功的职场人士与平庸的职场人士的一个重要区别就是，前者有自己的判断力，而后者往往只是机械地采取行动，做着自己被告知的事情，他们就像时钟一样需要让人拨转和上紧发条。

在职场中，不乏像时钟一样机械转动的人，他们大抵缺乏正能量，然而，他们的工作效果又如何呢？我们不妨一探究竟。

某个大企业中，老板要求他的助理向顾客发催促函。其实，老板的本意自然是针对那些不能履行义务的顾客，但是，盛怒之下的老板因没有加这个定语而说成了所有的顾客。

而这个助理由于缺乏判断力，他只会完全按照老板的意思照做——他向公司所有的顾客都发了催促函。

结果，公司的许多忠诚顾客收到了催促函都很愤怒，纷纷表示抗议，甚至还有一些顾客与公司断绝了商业往来，他们觉得，这样的公司不值得继续合作。

因为这个失误，公司至少损失了一百万元的生意，而这个助理，也因难以胜任工作而被辞退。

虽然，从道理上讲，该助理只是执行了自己被要求做的事情，就这一点来说，他作为一个忠诚的员工是应该受到表扬的。然而，他对工作的用心程度却值得怀疑，因为，他习惯于绝对服从，而没有停下来分析一下具体的情况；他没有意识到老板下这个命令时正处于气头上，也并没有在老板恢复理智之后再次询问此事。在执行之前，他也没有与公司的其他员工商量，他只是盲目地执行了。

也许，这件事情不能全怪助理，因为老板下达的命令并不是完全正确的，然而，如果助理自己有一定的分辨能力和变通能力，如果该助理能真切地感受到自己肩上的责任，他还会像这样盲从吗？

其实，用今天的眼光来看，这位助理就像是一台全自动机器，只要一按键，就会运转起来，而他在工作中并没有用心地思考，更没有做出自己的判断。如此，他又如何能得到升迁，又如何能受到青睐呢？

这样的员工是值得企业信赖的，又是难以被信赖的。服从命令及忠诚，这是一个员工值得赞扬的品质，但是，如果一个员工总是不加思考就领命，然后机械式地执行，就不合适了。企业不会欢迎这种从不思考而一味盲从的人，而只有那些既忠诚，又对工作用心的人，才能在职场中，乃至人生的大舞台上，有更好的作为。

日本最大的一家化妆品公司曾经发生过一起空肥皂盒事件。

在销售过程中，这家公司接到了一份投诉，一位顾客抱怨说他买的一盒肥皂是空的。这家公司非常注重客户的个人体验，于是，管理者立刻下令停止生产线，找出肥皂到底是在哪一环节遗失的，为此，公司员工从包装部门一直检查到销售部门。

检查工作效率很高，很快就找到了问题的症结所在，经理立刻要求工程师解决这个问题。工程师接到命令之后，没有做过多的思考，费了很大的工夫后终于设计出了一个配备高分辨率监视器的X光设备。但是，这个设备需要几个人来监控通过生产线的肥皂盒，这样才能保证其中没有空盒。虽然，这个设备很成功，但这样的成本让公司的管理者感到不满意。

与此同时，另一家小型化妆品公司也遇到了同样的情况，该公司的管理者也下令要求工程师解决这个问题。然而，这个工程师没有盲目地开始执行，而是对所面临的问题进行了思考，随后，这名工程师圆满地解决了问题。

他没有像那家大公司的那个工程师一样，使用X光监视器，也没有使用其他昂贵的设备，而是结合具体情况，买了一台大功率的工业风扇。他把风扇放置在生产线旁，这样，当装肥皂的盒子逐一在风扇前通过时，只要有空盒，便会被吹离生产线。这个简单、节约成本的办法，让这个工程师得到了公司管理者的一致赞赏。

显然，尽管大公司中的工程师很努力，所采用的X光监视器也很好地解决了工作中所存在的问题，但毫无疑问，小公司工程师的方法更为巧妙。同样的问题，为什么解决的方法却迥然不同呢？正是因为后者在工作中并不是像机械一样地转动，而是在任务下达时，保持自己的判断力，发挥自己的创造力，用心地去寻求更好的方法。

当代企业，不缺乏执行力强的员工，真正缺乏的是那些能够有效执行的人，有效执行是一种职场必备的正能量，它的效果正如巧妙地工作相对于卖力地工作，必然会好得多。因此，在工作过程中，一定不能像时钟一样机械地转动，而要运用自己的判断和创造力来指引自己的方向。

工作金言

那些优秀的职场人士，从来不是机械的执行者，而是那些用心工作，并且懂得变通和有创造力的人。

问题思考

惠普前首席执行官高建华曾经说：“惠普这样的跨国公司不提倡员工

整天努力地拼命工作，而提倡员工聪明地工作，希望员工在工作中开动脑筋，想出更好的办法去解决问题、完成工作，从而提高工作质量和效率。”

结合本文及高建华的话，认真思考自己的行为。

不要只是复制，创新才是生产力

当今时代，已经是知识经济的时代，创造力的价值与日俱增。而对于企业来说，一个有创新能力的员工，其创造的生产力价值甚至胜过许多一般性员工的总和。

然而，现实的状况是，大多数员工在工作中缺乏自主思考，只喜欢复制过去的方法和别人的经验，按部就班地做着自己的工作。殊不知，一个具有创造力的员工在公司里的作用往往比那些只知道复制的人要大的多，而企业更青睐的，也是那些能够创造性工作的人。

某大公司决定扩大经营规模，进一步打开产品的销路，于是高薪招聘营销主管。在招聘时，公司决定招聘有创新能力的人才，希望他们能另辟蹊径，增加产品的市场份额。

于是，该公司打出了招聘广告，一时间，报名者云集。面对众多应聘者，招聘工作的负责人想出了一个筛选出创新性人才的办法，他对应聘者说：“相马不如赛马。为了能选拔出高素质的营销人才，我们先让大家销售一样东西。”说着，拿出一把木梳，应聘者看到后，都露出志在必得的表情。然而，负责人后面的话却让他们感到困惑不解，负责人说：“把木梳尽量多地卖给和尚。”

绝大多数应聘者认为，这怎么可能销售得出去呢，出家人剃度为僧，要木梳有何用？这家公司岂不是神经错乱，拿人开涮？过一会儿，很多应聘者接连拂袖而去。最后，只剩下甲、乙、丙三名应聘者。负责人对剩下的这三名应聘者交代道：“我们以10日为限吧，到时候请三位将销售成果向我汇报吧。”

10日的期限很快就到了。

负责人问甲:“卖出多少把？”甲回答:“1把。”“怎么卖的？”

甲讲述了自己经历的辛苦：他游说和尚买把梳子，不仅没什么效果，还惨遭和尚的责骂，好在下山途中遇到一个小和尚一边晒太阳，一边使劲挠着头皮。甲灵机一动，递上木梳，小和尚用后满心欢喜，于是买下一把。

负责人问乙：“卖出多少把？”乙回答：“10把。”“怎么卖的？”

乙说，他去了一座名山古寺。由于山高风大，进香者的头发都被吹乱了，于是他找到了寺院的住持说：“蓬头垢面是对佛的不敬。应在每座庙的香案前放把木梳，供善男信女梳理鬓发。”住持采纳了乙的建议。那山共有10座庙，于是他卖出了10把木梳。

负责人问丙：“卖出多少把？”丙回答：“1000把。”负责人惊讶地问道：“怎么卖的？”

丙说，他到了一个颇具盛名、香火极旺的深山宝刹，那里朝圣者如云。随后，他找到了住持，对住持说：“凡来进香朝拜者，多有一颗虔诚之心，宝刹应有所回赠，以作纪念，保佑其平安吉祥，鼓励其多做善事。我有一批木梳，您可以让人刻上‘积善梳’三个字，然后便可做赠品，这样岂不是能让更多的人慕名前来？”住持大喜，立即买下了1000把木梳，并请丙小住几天，共同出席了首次赠送“积善梳”的仪式。就这样，得到“积善梳”的施主与香客都很高兴，一传十，十传百，该寺的朝圣者更多，香火也更旺了。

这还不算完，好戏在后头。住持希望丙再多卖一些不同档次的木梳，以便分层次地赠给各种类型的施主与香客。

把梳子卖给和尚，听起来荒诞不已。然而，就有人接受这样大家都认为是“无稽之谈”的工作，并且成功了。那么，你还相信这世界上有不能完成的工作吗？

很多人认为，销售的模式只有一种，那就是抓住目标客户，然后将产品销售出去，然而，这样的复制能起到的作用又有多大呢？因此，对于大多数人来说，只能像那些拂袖而去的人，或者是甲和乙一样，无法达到卓越。

在企业中，核心员工一定是那些从事创造性工作的员工，而不是那些只知道复制，不知道创新，按部就班、墨守成规的工作者。因为创新已经越来越成为企业的核心竞争力。所以，作为企业的一名员工，只有懂得创造性地去工作，才能激发自己的正能量，提高工作效率，提高核心竞争力，从而超越平庸，达到卓越。

当然，企业也会为员工提供创造性工作的条件，如果你想成为公司的核心员工，那么，就不要只是复制，不妨养成创造性工作的习惯，做最有创造性的员工！

工作金言

所有的员工都可以成为创造型员工，只要你敢于将自己的创造力注入工作中。

问题思考

北京有一家专门生产碳素笔芯的公司，但是，该公司所生产的碳素笔芯的销量却不是非常好。

于是，这家公司便对用户进行了调查。原来，他们生产的笔芯中，“油墨”还剩下四分之一的时候，笔尖上的“圆珠”就会因无法转动而坏掉——显然，是笔尖上“圆珠”的质量有问题。

在找到问题的症结之后，该公司的领导便给公司中的技术人员下达了一个任务，让其解决这个技术问题。然而，经过长时间的实验攻关之后，公司中的技术人员仍然一筹莫展。

就在这时，公司的一个普通员工自告奋勇地说能解决这个问题。这个难倒了所有技术人员的难题，一个普通的员工怎么能解决呢？然而，当这名员工说出自己的建议之后，不少人都大跌眼镜——他没有对“圆珠”进行技术攻关，而是把笔芯里的“油墨”减少了三分之一，这样一来，在笔尖上的“圆珠”还没有罢工之前，油墨就已经先用完了。

著名创新思维专家郎加明说过一句话：“对于创新来说，方法就是新的世界。最重要的不是知识，而是思路。”结合这个故事，谈谈你的感想。

改变游戏规则，不要屈从规则

规则这个词，对于职场人士来说并不陌生。因为，在工作中，我们常常会被要求遵守一定的规则。游戏有游戏的规则，职场自然也有职场的规则。那么，这些规则都是正确的吗？很显然，答案是否定的。

德国著名作家歌德说：“一个人不断变革创新，就会充满青春活力；否则，就可能会变得僵化。”任何观念都是人们在某一特定时空下的产物，随着时间的推移和客观条件的变化，观念就应及时更新，与时俱进。否则，如果被传统观念封住了心门，那么工作也会如逆水行舟，不进则退。

杰克·韦尔奇在担任通用电气公司的CEO期间，经常对员工们说的一句话就是："要把每一天都当作你参加工作的第一天，以崭新的视角审视你的工作，进行任何必要的、有利的改进。这样，你才不会因循守旧。"由此可见，那些在工作中能寻找更有效的方法、不断创新的员工，才是企业最欢迎的员工。许多知名企业的起死回生与不断发展壮大，都是因为拥有了一批敢于创新的优秀员工。

1952年前后，日本的东芝电气公司曾一度积压了大量的电扇卖不出去，7万多名职工为了打开销路费尽心机，想尽了各种办法，依然进展不大。

木村是该公司的一名普通职员。一天，他向当时的董事长石板提出了改变电扇颜色的建议。在当时，全世界的电扇都是黑色的，东芝公司生产的电扇自然也不例外。木村建议把黑色改成浅一些的颜色。

木村的这个建议提出来以后，马上就遭到了很多人的反对：全世界的电扇都是黑色的，以前从来就没有人用过别的颜色的电扇，怎么可以把电扇变成浅色的呢？这是不对的！这简直是在开玩笑！

但是好在木村的这一建议引起了董事长石板的高度重视。经过几轮研究，公司终于决定采纳这个建议。第二年夏天，东芝公司推出了一批浅蓝色电扇，大受顾客欢迎，市场上还掀起了一阵抢购热潮。几个月之内，这批蓝色电扇就卖出了几十万台。

从此，在日本甚至是全世界，电扇就不再是统一的黑色面孔了。

"从来都是这样"，并不意味着从来都是对的，更不意味着以后这个真理也是正确的。以前的电扇都是黑色的，并不意味着电扇的颜色就不可以改变。从木村的提议我们可以看出，只有打破常规、推陈出新，才能创造更多获得成功的机会。

木村没有从常规的角度出发，而是用简单的方法解决了看似复杂的问题，最终将困难化解于无形，而那些屈服在规则之下的技术人员却面对问题一筹莫展。在工作中正是如此，当你屈服于游戏规则之中的时候，往往无法获得最佳的解决办法，而当你跳出那些框架和模式的时候，你才能达到最好的工作效果。

所以，在工作中，当工作的某种规则不尽合理的时候，我们必须勇敢地去改变规则，甚至去创造出新的游戏规则。这也是一种正能量，一个职场人士，只有具备这种敢于打破常规进行工作的正能量，才能在职场发展的道路上走得更远。

工作金言

游戏规则并不是一成不变的，必要的时候，不妨变通思维，发挥创造力去改变它。

问题思考

1965年约翰•里德从麻省理工学院毕业后，进入了花旗银行。不久后，时任花旗银行总裁的威斯顿召见了他，并说道："我们需要一个最好的财务系统和预算系统，这个任务就交给你了。"

回去后，里德做了大量的研究，在以前的财务系统和预算系统的基础上做了很多创新性的改动。

当里德把这份新系统摆到威斯顿面前时，威斯顿既惊讶又兴奋，他认为这个新系统非常具有创意和远见。于是，花旗银行采用了里德做的新系统（直至18年后，威斯顿离开花旗银行时，花旗银行仍在使用约翰•里德的这套系统的变型）。

此后，花旗银行出现了亏损，约翰•里德又自告奋勇，担任了一个部门的负责人。上任后，他立即对内部进行了整顿：解散了以前的后勤部，重新组建了一个由几十位年轻的工业自动化专家组成的后勤部；接着，对客户银行进行了整顿，把花旗客户银行改成了当时世界上第一家大规模使用高级计算机的银行。

里德的这一系列创新，为花旗银行注入了无限的生机和活力，并且收到了很好的成效。

到了20世纪70年代末，在里德担任客户银行负责人时，刚刚有了信用卡，里德将之大胆引进。虽然有一段时间由于利率上升而导致了亏损，但里德并没有放弃。最后，事实证明他的这个改革和创新是卓有成效的，不仅给企业带来了蓬勃的生机，而且使花旗银行每年的营业收入和利润都保持在很好的水平上。

结合本文内容及里德的做法，思考下面几个问题：

问题一：你认为在工作中恪守规则好，还是打破规则好？

问题二：你所从事的工作，是否有束缚你的规则？

问题三：如果你在工作中处理事情时遇到束缚你的规则，你会如何做呢？

突破思维定势，打破“经验”的桎梏

在工作中，时常会有人抱怨自己能力不够，不可能干大事。其实不然，据心理学家研究发现，人们所使用的能力只有我们所具备能力的2%～5%，人可以挖的潜力是非常巨大的。而人们之所以认为许多工作“不可能”完成，往往是因为被经验所束缚，殊不知，跳出“不可能”的体制，抛开所谓的经验，才是打开这扇大门的一把金钥匙。

柯特大酒店是美国加州圣地亚哥市的一家老牌酒店，随着客流的增多，原先配套设计的电梯由于过于狭小老旧已经无法适应。于是，酒店老板准备改建一个新式的电梯。决定了之后，他便花巨资请来全国最一流的工程师和建筑师，让他们几个人一起商讨该如何进行改建。

这些工程师和建筑师们都有十分丰富的从业经验，在经过了一段时间的讨论之后，他们达成了一致的观点，那就是，酒店可以换一部大电梯，但是，从这部电梯的安装到投入使用，酒店至少要停业半年。

面对这样的局面，老板的眉头皱得很紧，他严肃地问："难道除了停业半年就没有别的好办法了吗？如果停业半年，我们酒店的经济损失就太大了……"

建筑师和工程师异口同声地说道："必须这样，我们干这一行这么久了，从经验来讲，不可能有别的方案。"

老板的眉头皱得更紧了。

这时，一个负责酒店打扫的清洁工刚好从这里经过，他认真地听了一会儿之后，停下了手中的工作。他看了一眼一脸坚定的专家和神色犹豫、忧心忡忡的老板，小声地开口说道："我倒是有个好办法来装这个电梯。"

工程师轻蔑地看了他一眼之后，说道："你根本就没有装电梯的经验，你怎么懂得如何装电梯？"

这时，老板说道："不妨说来听听。"

"酒店里面没有足够大的地方装电梯，如果是我，我会直接在屋子外面装上电梯。"

老板的眼前一亮，多么巧妙的方法啊！工程师和建筑师听完，都诧异得说不出话来，随后，他们都羞愧地低下了头。

没多久，这家酒店就在外面设了一部新电梯，而这部电梯也成为了世界建筑史上的第一部观光电梯。

以大多数人的经验来说，电梯只能装在大楼里面，而外面是无论如何也不能装电梯的。其实，这便是被经验所束缚的结果，是典型的墨守成规、循规蹈矩的表现。许多人在工作中都有这种心态，总是从自己的经验出发，如果与自己的经验相悖，便觉得不可能，殊不知，这是一种负能量，只能束缚自己的思路。

其实，对于职场人士来说，很多时候，工作的难易程度不在于学识的多寡、技术的高低，而在于你是否具备一种能够摒弃自己的经验，跳出“不可能”体制的意识，届时，你会发现，工作中的难题其实本没有那么难。正如工程师和建筑师，他们的思想被专业知识和自己以往的经验所束缚，而清洁工的脑子里并没有那些经验和规则的限制，所以，其思路才会更加开阔，而想出如此令人称赞的妙招也就不足为奇了。

对于职场中人来说，经验是宝贵的，但是，有时候，经验并不能体现出优势，反而会束缚创造性思维的发挥。所以，对待某一件事，不要因为别人都这样做，我们也一定要这样做；不要因为过去有过类似的经验，现在就得遵循先前的经验。当遇到问题时，不妨换一种思路，甚至用完全相反的方法试一下，你会发现问题同样能得到解决，但结果可能完全不同。

所以，要想在职场中脱颖而出，就要保持经验所带来的正能量，而不被其束缚，这样，经验才不会成为你的障碍，从而让你成为真正的亮点。

工作金言

打破“经验”的桎梏，才能不断实现自我超越。

问题思考

亨利•福特直到40岁，他的生意才获得成功。他没有受过多少正规教育，在建立了自己的事业王国之后，他把目光转向了制造八缸引擎。

当时，亨利•福特把设计人员召集到一起，要求他们制造一个八缸引擎。这些工程师们都受过良好教育，并深谙物理、数学、工程学，经验告诉他们——这是不可能的。他们非常耐心地向福特解释说八缸引擎从经济方面考虑是多么不合适，并解释了为什么不合适。

然而，福特并没有听取他们的意见，只是一味强调："先生们，我必须拥有八缸引擎，请你们造一个。"工程师们心不在焉地干了一段时间，仍然告诉福特，八缸引擎是不可能的事。

但是，福特先生坚持说："我必须有一个八缸引擎，你们一定能造出来。"于是，工程师们比以前更努力地工作，也投入了更多的时间和精力。但是，他们向福特的汇报与上次一样——八缸引擎的制造完全不可能。

然而，对于福特，在这位用装配线、每天5美元薪水、T型与A型改良的工业人的字典里，根本没有"不可能"之说，他仍然告诉大家："我必须拥有八缸引擎。"

猜猜接下来如何？他们制造出了八缸引擎。

结合本文及这个故事，思考以下几个问题。

问题一：在工作中，你是否曾有过被经验束缚的经历？

问题二：跳出"不可能"的体制，才能让"不可能"变成"可能"，你认同这句话吗？

正能量加油站：创新员工的四大要素

创新精神不是与生俱来的，而是与个人的能力和工作方式息息相关的，要培养创新精神，应从以下四个方面做起。这四个方面也是创新型员工必备的四大要素。

1. 细心观察，敏锐反应

也就是说，员工要培养自己对事物的注意力，尤其对不起眼的事情有敏锐的洞察力和快速的反应能力。

所谓觉察能力就是人们利用自己各种敏锐的感觉器官和发达的大脑而产生的对客观事物的感觉和观察能力，它是人们认识客观世界的开始。不同的人觉察能力也是不同的，即使是处于同一环境的人们，客观事物对每个人的刺激程度在同样的情况下，人们对外界刺激的注意力和觉察能力仍是不同的，有时差别非常之大。往往某些现象或变化，许多人感觉不到，另一些人却觉察到了，于是他们可能成为发现“新大陆”的科学家。

而注意力是人们控制自己的思维和意志长期专注于某一方面的能力，它包括有意注意和无意注意两种形式。无论是哪种形式，它对创新觉察能力都是重要的，它能让人们适应周围的环境。其中无意注意主要是由周围环境的变化和新异及刺激所引起，它与刺激强度有关。同时也取决于人体本身的状态，如需要情感、兴趣、知识状况和心境等。有意注意是自觉的有预定目的的注意，有意注意主要与人的需要、任务及兴趣有关。

2. 充分想象，深刻分析

事实上，每时每刻你都正在运用想象，这是你的想象力的自然力量——这个世界中你经常使用的基本创造性能力，无论你有没有意识到这一点。

想象力是在你头脑中创造一个念头或思想画面的能力。在创造性想象中，你运用你的想象力去创造你希望去实现的一件事物的清晰形象，接着，你不断地把注意力集中在这个思想或画面上……换句话说，直到最后获得你一直在想象中的事物。

你不能受各种约束而限制自己的想像，也不可轻易地放弃某一种想像。我们既要想像力非常丰富，同样又要随时注意那些闪光的想像，及时利用并进行分析研究，鉴别其真伪和价值。

切记，不能单靠一时的想像，就仓促付诸行动。这样的人十之八九要失败。俗话说："晚上千条路，白天卖豆腐。"这句话的意思是晚上躺到床上很容易想出很多办法来，但是白天稍向实践迈出一步就会感到非常困难。

较强的分析能力是人们解决问题的前提和关键。而创新活动的根本在于寻求解决问题的新方法及创造发明新事物。就创新活动的整个过程来看，包括觉察需要、找出关键问题、提出最佳方案及最后实现。在整个过程中如果对事物没有较强的分析能力，无论哪一步也不能很好地完成。

3. 强化记忆，相信直觉

记忆能力就是人们记住以往事物或经历过的事物，是再现或再识经历过事物的能力。记忆能力对创新活动有相当重要的意义，任何创新活动如果排除记忆都是不可思议的。因为任何一种创新活动必须以所记得的经历过的事物为基础。进一步讲，正是由于有记忆能力，才能保持过去觉察和认识的成果，并使当前的觉察和认识在以前觉察和认识的基础上更广泛、更深入、更全面地进行。也正是由于记忆才能使人们不断地积累经验和知识，为创造新东西准备更充分的营建材料。

所谓直觉能力就是我们常说的"第六感觉"，它是指不经逻辑思考推理就能直接认识真理的能力。有时候直觉能力对创新活动具有很大的促进作用。

直觉并不同于感觉、猜测，也不同于灵感，它仅仅只是一种无意识的思维。它有利于搜寻创新的关键、有利于提出最佳创新实施方案，并且能预见出创新的前景和结果。但这并不是说创新就主要靠人的直觉，其实直觉只是在有时、在某种情况下起重要作用，并不是何种情况下都通用，而且直觉思考出来的东西往往也会出现一定的错误，没有任何理由说直觉的东西都是伟大的真理。

4. 增强自信，圆满完成

创造应该是生活和工作的一部分，而不单单是艺术家和发明家的事。如果将自己降低到无创造性一类，我们就会处于一种自我安慰的心理状态。

一个认识自己在日常生活中无所创造的人在重大问题面前将不可能做寻找创造性答案的尝试。

一家大原油公司雇用了一批心理学家，想要找出为什么研究部门和发展部门里一部分人比另一部分人更有建树。3个月的研究使心理学家们得出了这样的结论：有建树的人认为自己有创造能力并且确信这种能力，而无建树的人却认为自己没有。

你应该明白，自信是创造的基础，因为任何一种新思想都将使你成为先驱者。你一旦将其付诸行动，你就要一个人独自承担失败和受嘲弄的风险。

如果一个有着创造力的行动无碍于你的生命，你就不要怕失败或者失误。然而，如果你正寻找一种新的想法，你需要的却是承受失败的精神。

完成能力对创新活动的完成是相当重要的，因为一般情况下凡是心理正常的人都会产生一些创新想法。不少具有一定知识和经验的人，有时候产生的创新想法不仅相当有价值，甚至已经初步思考了创新的方案。之所以到最后没有成功，原因绝大多数都是由于缺乏完成能力。可见创新者的完成能力对创新的实现是何等的重要。

这需要员工做到以下几点：

（1）补充各种知识

知识是人们提高自己各种能力的基础，知识越丰富，觉察能力也就越强，而知识贫乏的人所能觉察的东西则是有限的。一个人的知识范围决定了它能觉察事物的范围，知识的深浅也决定了觉察问题的深浅。

事实上，你所具备的条件，别人也可能同样具有，怎样才能从众多同事中脱颖而出呢？那就是抓紧时间扩大自己的知识面，为创新打下坚实的基础。你不仅要做好专业人才，也要成为多面手，扩大晋升渠道。

（2）培养深入探究的习惯

在现实中，很多员工都是觉察到了较广的事物，但多是“皮毛”，对事物的关键和本质觉察不到，这样所觉察到的东西对创新是无多大意义的，甚至有害。因此要培养自己的觉察能力，较重要的是要增强自己洞察事物的能力，为此遇事不要只凭借感觉器官去感觉它，更重要的是动脑，多问几个“为什么”、“是什么”、“怎样”，最好能找出关键参数来，养成这样觉察问题的习惯，对创新者是非常有益的。

（3）抓住瞬间的灵感

对事物要有敏锐的观察力和感知性。灵感往往稍纵即逝。无论从事何种职业，都离不开与社会的接触，有接触就会有碰撞，有碰撞就会产生火花，这一刹那的火花，也可能是一个新的创新，它可能会给你增加升职的机会。

（4）用“启发”让思维跃动起来

闭门造车是很难的，而启发则可以解决这一难题，有时候启发可以使你很容易想像到一种东西，从而找到解决问题的办法，这就是启发的促进作用。所以创新者在创新想像时要有意识地多接受一些启发，不要闭门造车，苦思冥想。员工与员工之间或员工与上司之间互相讨论问题是互相启发的很好方式。别人的谈话或发言有时会给我们的想像以很大的启发。聆听别人指导也是接受启发的好办法。多参加一些活动，多观察事物，多读科幻小说，多看报刊都对启发想像很有益处。

（5）多些与众不同的思维

即思维的独创性。这是指独立思考、解决问题的能力。凡是独创性高的人不迷信、不盲从，并且往往不满足现在的办法和答案，拥有自己的观点。这种人往往以思维的批判性为前提。作为20世纪最卓越的物理学家之一的卢瑟福，就是一位思维独创性很高的优秀物理学家。他大胆地对他的导师汤姆逊提出的原子结构模型提出怀疑，从而提出了具有独创性的原子核式结构学说。

员工在工作中要多一些独具卓识、与众不同的思维活动。因为创新思维所要解决的问题没有现成的答案，不能按常规方法来处理，所以，它必须是新颖、独特的思维。这就要求员工有求异心和多疑心。这种求异心可以使人们勇于向旧的习惯传统挑战；这种多疑心使人们敢于对所谓“司空见惯”、“完美无缺”者大胆质疑。创新思维的创新也就由此而来。

没有人天生就是创新天才，即使一个人具有优秀的创新潜力，但如果他不能在后天进行有意识的培养和锻炼，也还是不能把它转化为现实的创新能力，对创新活动仍是于事无补的。所以员工要想具备创新能力，就必须不断修炼这五大要素。

第 10 章

没有完美的个人，只有完美的团队

团结、尊重、担当、顾全大局……这些都是团队精神的核心。而只有具备了这些正向能量的团队，才能在竞争中凝聚成强大的拳头，变成无坚不摧的力量，才能实现整个团队的共赢。

精诚合作，才能共赢

佛教创始人释迦牟尼曾问他的弟子：“一滴水怎样才能不干涸？”弟子们面面相觑，无法回答。释迦牟尼说：“把它放到大海里去。”个人再完美，也只是一滴水；一个团队、一个优秀的团队却是大海。一名优秀的工作人员必定懂得，要想取得辉煌的成就，就应该把自己融入团队，在与团队的精诚合作中成就自己，实现双赢。尤其是在越来越重视团队精神的今天，能否与同事友好协作，实现团队共赢，已成为现代企业招募人才的重要衡量标准。

国内一家大型电子产品销售公司招聘销售精英，经过3天的筛选，人力资源部门的负责人从300多名应聘者中选出了16名优秀的应聘者。

紧接着进入复试阶段。负责人告诉这16名应聘者，说此次招聘仅有4个名额，成绩最优异的4名应聘者将会成为公司的正式员工。复试开始后，负责人把这16个人随机分成了A、B、C、D4个组。指定A组的4个人去调查厨具市场；B组的4个人去调查汽车装饰品市场；C组的4个人去调查办公室用品市场；D组的4个人去调查婴儿奶粉市场。

负责人对他们说：“你们应聘的都是市场销售精英的职位，这个职位主要是负责市场开发和产品销售的，所以，你们应该具备对市场的敏锐观察力和对一份新工作的适应能力。现在，你们到办公室主任那里去领取相关的调查资料表，然后就可以出发了。”

两天之后，这16个人把自己的市场分析报告送到了负责人那里，负责人一一看完之后，对B组的四位成员说：“恭喜你们，你们B组被本公司录取了。”

其他三个组的成员对此提出了异议，负责人解释说：“因为在你们这4个组中，只有B组的4个人互相借用了各自的资料，补全了自己的分析报告，这正是我们公司需要的人才——具有团队合作意识的人才。要知道，团队精神才是现代企业成功的保障。”

从这个故事中，我们可以看出，在现代企业中，企业需要促使不同类型、不同性格的人共同努力、团结奋进，把各自的优势发挥到极致，只有这样企业才能凝聚出强大的竞争力，这样的团队才是一个有灵魂、有战斗力的团队。

作为企业一分子的员工，如果不能融入到这个团队中去，总是喜欢独来独往，唯我独尊，不懂得培养与团队成员之间的感情，不懂得多同他们分享你对工作的看法，多听取他们的意见，不懂得和每一位团队成员保持良好的关系，和他们精诚合作，那你很快就会被孤立起来，最终被团队所抛弃。

团队合作的核心是精诚团结，这就需要员工和团队能够齐心协力，真诚合作。那么，员工如何做才能赢得团队成员的支持，才能让团队成员愿意和自己精诚合作呢？

1．要掌握与团队成员沟通的技巧

在团队合作中，参与者之间的沟通非常重要。如果同事之间经常沟通，就会更有同理心，更加信任彼此，更容易找到解决方案。同时，培养同理心与团结精神也能让团队更加团结一致，为集体利益着想。

2．切忌以自我为中心，要多替同事着想

要想让同事和你团结合作，首先要搞好同事关系。这就要求员工要学会从其他的角度来考虑问题，善于做出适当的自我牺牲。在团队取得成绩后，员工一定要将成果和大家共同分享，不可处处表现自己，将团队的成果占为己有。

同时，员工还应该处处替同事着想，当同事遇到困难、挫折时，要及时伸出援助之手。良好的人际关系往往是互利的，你给同事的种种关心和帮助，同事都会在团队合作中回报你。

总之，精诚合作是一种生活在团队中的任何人都需要具备的正能量。员工必须多方面地完善自己，为团队聚合更多的正能量，以便同团队成员创造更大的利益。

工作金言

没有精诚合作，团队就不可能无往而不胜。

问题思考

有一位工作能力很强的员工。在最近的一次开拓客户资源时，他与两家大公司签订了购买合同，为公司创造了可观的利润，并受到董事长的亲切接见。从那以后，他开始变得骄傲起来，总是觉得自己能力超群，其他同事不配同自己一起合作开发客户。慢慢地，他开始不和同事们交往、沟通，总是摆出一副自高自大、目中无人的样子。

这位员工的态度让同事们觉得很反感，于是大家都对他敬而远之，不再同他合作。他也因此成了被团队孤立的人，在许多事情上都陷入了极其尴尬的境地。有一次，由于他不听同事的意见，一意孤行，最终失去了一个大客户，给公司造成了巨大的损失。

此时，同事们的讥讽，总经理的恼怒，让他终于明白了自己的错误。但此时后悔已经来不及了，因为同事们已经彻底地孤立了他。他只好悻悻地提交了辞呈，离开了公司。

结合这个故事，说说你从中得到了什么启发？你平时注重团队成员之间的精诚合作吗？

尊重差异，创造整体的和谐

一个团队里，不同性质和不同岗位的人担当的角色是不一样的，但是他们的作用都是同样重要的。所以，作为团队中的一员，只有尊重团队中成员之间的差异，才能使团队整体显得和谐有序，才能使团队凝聚出一种壮大的力量。

正如管理大师汤姆•彼得斯所说："一个成功的企业一定有一支和谐的团队，企业的成功是凝聚在团队基础上的集体行为。"

世界首富比尔·盖茨是微软集团的创始人。但是，很多人都不知道，比尔·盖茨所取得的成就并不是他一个人创造的。其中，现任微软总裁史蒂夫·鲍尔默对比尔·盖茨的事业可以说是起到了决定性的作用。

比尔·盖茨虽然是计算机技术方面的天才，但在管理方面的能力却有些欠缺。所以在微软成立初期，曾一度陷入重重危机。比尔·盖茨十分清楚地认识到了这一点，在学校期间，他就是一个沉默内向的人，绝大多数的交际活动都是在好友鲍尔默的极力鼓励下才参加的。

史蒂夫·鲍尔默也是哈佛的高材生，他反应敏捷，判断准确，知识面广，善于把握商机，很早就开始了商业实践，堪称天生的管理家。在高中时，他就担任了校篮球队的经理人。球队需要用的球和毛巾从不会被到处乱放，那时他就是团队精神的典范，因此整个队伍一直保持着良好的状态。当时的教练给了鲍尔默很高的评价，称赞鲍尔默是他当时见过的最好的经理人。

比尔·盖茨决定去找鲍尔默，因为盖茨知道，虽然史蒂夫·鲍尔默在计算机技术方面的能力远不如自己，但他的管理能力却是自己无法比拟的，如果他能加入自己的团队，就会让自己的团队如虎添翼。1980年，比尔·盖茨在他的游艇上以5万美元的年薪说服了当时就读于斯坦福大学商学院的鲍尔默加入微软。结果，这两位性格迥异的好友通力合作，书写了一部创造财富的神话。

比尔•盖茨不愧是世界首富。他在自己如此年轻的时候就明白团队中的互补作用是多么重要，所以他成功了。如果当年他嫌弃史蒂夫•鲍尔默的计算机能力不好，将鲍尔默拒之团队之外，那他的微软帝国或许就不会存在了。

在一个团队里，并不是所有的成员都是能力最强的全才：“队长”可能不懂电脑操作和科研技术，普通员工往往不擅长团队的整体把控，财务人员可能只了解与财务相关的事情，后勤人员对产品开发可能一窍不通……但这些都不影响一个团队成为明星团队。只要大家彼此各就各位，尊重差异，通力合作，优势互补，就能够顺利地解决问题，获得预期的效果。

在团队中，以彼之长，补己之短，是一种能够有效解决问题并增进彼此之间的人际关系的工作方法。当然，团队的和谐，必须是建立在尊重差异的基础上的。

在如今的职场中，团队中的专业化分工越来越细，每个人都各司其职，靠一个人的力量，很难面对千头万绪的工作。如果我们能把自己的力量和别人的力量结合起来，就会取得更大的、令人意想不到的成就。如果我们因为团队中的某个成员在某方面能力欠缺而轻视他、排挤他，这将会使集体的力量大打折扣。所以，真正睿智的做法是，尊重团队成员在某方面的不足之处，并使其优势得以发挥。这样才能各司其职，查漏补缺，才能成就一个无坚不摧的团队。

工作金言

没有尊重，就不会有团队的精诚合作。

问题思考

思考以下两个问题，并写下你心中的答案。

问题一：如果你的能力被团队的成员歧视，你会怎么办?

问题二：你觉得创造团队的和谐，除了尊重差异之外，还应该做到什么?

每个人都要学会担当

在团队合作中，有些员工在面对不属于自己分内的事情时，便采取消极的情绪对待，总会找各种借口来推脱、逃避，不愿负起额外的责任；而有的员工在面对团队中出现的问题时，即使不属于分内的事情，也敢于承担责任，愿意把团队的事情当成自己的事情来完成。这种愿意负起团队整体的责任的担当意识，是所有领导者青睐和欣赏的。因为这种意识可以让团队把很多问题都消除在萌芽阶段，大大增加团队的竞争力和战斗力。

杨迪是一家公司的销售部经理。一天，他到一家销售公司联系一款最新打印设备的销售事宜，因为是一款定位为大众化的新产品，并且厂家即将开展大规模的广告宣传，为争取更大的市场份额，对经销商的让利幅度也非常大。杨迪决定在媒体大量宣传报道之前同一些信誉与关系都比较好的经销商敲定首批的订量。

不巧的是，同他一直保持密切业务关系的那家公司的老板不在。当他提起即将推出的新品时，一位负责接待他的员工冷冷地说："老板出差了，有什么事等他回来了再说吧，我们这些普通员工可做不了主！"

杨迪继续把厂家准备如何做该款产品的宣传，需要经销商如何配合进行渠道开拓的设想向这位接待人员讲解，试图得到他的理解和回应。但是，令他失望的是，这位接待人员根本不听他的解释，说道："真不好意思，你还是等老板回来再来吧。"

杨迪只好无奈地离开了。

他来到有业务联系的第二家公司——至诚集团。巧合的是，至诚集团的老板也外出洽谈项目去了。杨迪虽然很失望，但他还是想试一试，看能否说服接待他的人。

接待他的是刚入职不久的办公室文员小莉。小莉不仅态度热情，而且也非常有担当精神。当小莉得知杨迪是一家著名企业的销售经理时，她立即表现出了一个公司员工应有的热情，马上倒了一杯水给杨迪，还主动介绍了自己的情况。

杨迪向小莉说明了来意，小莉以自己刚刚学到的营销知识，敏锐地感觉到这是一个不错的商机，无论如何也不能因为老板不在就错过了让公司盈利的机会。她热情地招呼杨迪先在会客室里坐下，自己去想办法联系老板。由于老板出差，电话关机，老板秘书的电话此时也无法接通。她只好从公司内部资料里调出那家合作企业的联系方式，然后经过一系列周折，终于联系上了老板，并就此事向老板做了汇报，老板很快就同意和杨迪合作，并约定下午就赶回来和杨迪洽谈具体的合作事宜。

由于这款产品在整个市场上只有至诚集团一家经营，所以不到一个月就销售了近 4000 台，为老板净赚了 500 多万元。而第一家公司的员工却因为老板不在，自己又不懂得承担责任，从而错失了这么好的商机，等到要求补货的时候，杨迪在极不情愿的情况下为他们加了 200 件货，但此时已经失去了获得厂家促销期的优惠待遇，利润自然也就大打折扣。

后来，至诚集团的老板不仅对小莉进行了奖励，还在公司全员大会上表扬了她，并提倡大家学习她的这种勇于担当的团队精神。

勇于担当是一种非常宝贵的正能量。有了它，你就可以在需要你承担重大责任的时候，毫不畏惧，立刻站出来去承担。即使有时候也会因为这种担当意识给自己造成了一定的损失或困境，但勇于担当的形象会让你长期受益。如果不习惯这样去做，即使等到条件成熟了，你也不可能承担起重大的责任或做好任何重要的事情。

总之，你若在团队中不能勇于承担责任，而是屡屡受到推卸责任这种负能量的影响，那你将永远无法获得团队的认可，当然，取得团队的支持和一定的成就也是不可能的了。

工作金言

勇于承担责任是优秀团队成员间精诚合作的前提。

问题思考

李·艾柯卡在任福特汽车公司总裁时，他的周围聚集了一大批优秀的管理人才。而当他离开福特公司到克莱斯勒公司任董事长时，这批人才纷纷涌向了克莱斯勒公司，他们放弃了福特公司的优厚待遇，谢绝了福特公司的一再挽留，而甘愿和艾柯卡一起冒风险、尝艰辛。

艾柯卡说："我设法寻找那些有干劲、勇于担当的人，那样的人不需要多。在克莱斯勒公司，我大约有12个这样的人。他们具有的力量就是他们对工作的热情和敢于担当的意识。我非常欣赏这种人，因为只有这种身上具备了勇于担当的正能量的人，才是企业的希望和脊梁。"

你能从艾柯卡的话体悟到什么？你是那种具有敢于承担责任的正能量的人吗？

顾全大局，以整体利益为先

一个没有团队精神的员工，即使自己的工作做得再好也难以成功。因为这种员工身上缺乏正能量，不会顾全大局，更不会以团队的利益为先。那些身上具有正能量的员工，即使自身忍辱负重，也会把团队利益放在第一位。因为他们能意识到自己的前途与团队的命运息息相关，所以愿意为团队的利益和目标的实现尽心尽力。他们还极具责任感，绝不允许有损害团队形象和利益的事情发生，常为团队的成功而骄傲，为团队的困境而担忧。

程强到一家钢铁公司工作还不到一个月，就发现很多炼铁的矿石并没有得到完全充分的冶炼，一些矿石中还残留着没有被冶炼好的铁。如果这样下去的话，公司岂不是会有很大的损失？于是，他找到了负责这项工作的工人，跟他说明了问题，这位工人说："如果技术有了问题，工程师一定会跟我说，现在还没有哪一位工程师向我汇报这个问题，说明现在还没有问题。"

程强又找到了负责技术的工程师，对工程师说明了他看到的问题。工程师很自信地说他们的技术是世界上一流的，怎么可能会有这样的问题。工程师并没有把程强说的看成是一个很大的问题，还嘲笑他说："你只是一个刚刚毕业的大学生，能明白多少，不会是因为想博得别人的好感而表现自己吧。"

程强听了这种嘲弄的话，心里觉得很委屈，但他为了企业的利益，选择了顾全大局，并没有和那些讽刺他的人争吵，而是拿着没有冶炼好的矿石找到了公司负责技术的总工程师，他说："牛师傅，我认为这是一块没有冶炼好的矿石，您认为呢？"

总工程师看了一眼，说："没错。这是哪里来的矿石？"

程强说："是我们公司的。"

"怎么会，我们公司的技术是一流的，怎么可能会有这样的问题？"总工程师很诧异。

"工程师也这么说，但事实确实如此。"程强坚持道。

"看来是出问题了，怎么没有人向我反映？"总工程师有些发火了。

总工程师立马召集负责技术的工程师来到车间，果然发现了一些冶炼并不充分的矿石。经过检查发现，原来是监测机器的某个零件出现了问题，才导致了冶炼的不充分。

公司的总经理知道了这件事之后，不但奖励了程强，而且还晋升程强为负责技术监督的工程师。总经理感慨地说："我们公司并不缺少工程师，但缺少的是以公司利益为先，时刻把公司利益放在首位的工程师，这么多工程师就没有一个人发现问题，他们还不以为然，这是一种无视公司利益的现象。对于一家公司来讲，人才是重要的，但是更重要的是真正有责任感、愿意牺牲自己利益而顾全公司利益的人才。”

程强从一个刚刚毕业的大学生成为负责技术监督的工程师，可以说是一个飞跃，这种飞跃就是来自于他的团队精神，他对公司利益的重视让他的领导者认为可以对他委以重任。如果他不把公司的利益放在心上，任由那些矿石浪费掉，那他可能就没有这样的升迁机会了。

随着团队精神不断地被那些世界顶级企业所提及，今天的领导者已经意识到，员工的团队精神对于一个企业而言有着非凡的意义和价值，这是企业制胜的精神支柱，是企业能够在激烈的竞争中保持岿然不动的姿态的坚实根基。所以，员工只有处处以团队利益为先，才能成为真正合格的、被企业认可的员工。否则，即使个人能力再优秀，都无法得到团队的接纳，因为你缺乏良好的职业素质。

维护团队利益包括许多方面，比如顾全大局、与团队成员精诚合作、坚决抵制破坏公司利益或公司形象的行为、维护部门利益、正确处理公司与个人利益的关系，等等。总之，一名优秀的员工不但是公司物质利益的维护者，更应该是一个公司形象的保护者与宣传者。

如果你想成为一名优秀的员工，就应该把自己的身心都融入到自己所在的团队和企业中，急团队之所急，想企业之所想，时刻把团队和企业的利益当成自己的切身利益来对待。在这种正能量的帮助下，你就一定会脱颖而出，成为领导眼中不可或缺的人才。

工作金言

当团队利益受到损害时，员工个人的利益也必然会受到牵连。

问题思考

李明是一家软件公司的工程师，在业界小有名气。去年年底，李明跳槽到一家实力更加雄厚的公司继续从事软件开发工作。由于新公司与原公司在研发方向上大致相同，所以新公司经理要求他透露一些他主持的原公司开发项目的情况以及合作伙伴的资料，但李明马上回绝了这个要求。他坚定地说："我虽然离开了原来的公司，但它曾经是我的团队。不管是现在还是将来，我都不会，也没有权利背叛它。非常抱歉，我不能向你提供你想知道的信息！"

第一次面试就这样不欢而散了。不过让李明没有想到的是，就在李明准备寻找新的企业时，却接到了那家企业的电话通知，人事部主管在电话里说："恭喜你，李先生，你被录用了，这不仅仅是因你的能力与才干，还有最关键的一点——懂得时刻维护公司的利益。"

读了这个故事，你有什么感悟？如果你是李明，你会怎么做？

企业为家，与团队一起成长壮大

职场中一直流传着这样两句话，"如果你把公司当成家，公司就会把你当家人；如果你把公司当旅馆，公司就会把你当客人"，"想成为赢家，先要成为专家；要想成为专家，首先要把公司当成家"。这两句看似简单的话，其实蕴含着深刻的道理。企业和员工是一个共同体，企业给了员工最大的信任和发挥空间，员工就应该自觉地把个人的命运和企业的发展融为一体，以企业为家，与团队一起成长壮大。只有带着强烈的责任心充满热情积极主动地去工作，恪尽职守，为企业的发展贡献自己的力量，才能和企业和团队一起走向成功。

国内一家知名企业由于扩大业务规模，便派人力资源部门在一次大型人才招聘会上招聘大量的游戏软件设计人员。招聘会结束之后，人力资源部门收到了1000多份简历。通过一轮接一轮的筛选，人力资源部门的工作人员从1000多份的简历中确定了50名应聘者来参加企业第二天的首轮面试。

面试由人力资源部总监亲自把关，因为他对优秀人才求贤若渴，希望这次能够为自己的部门招聘到一批综合素质较高的优秀人才。

在面试过程中，人力资源部总监发现前来面试的前40名应聘者的简历都经过虚假包装，因为他们的实际水平并没有简历中所描写的那样高。到了与第45名应聘者面谈的时候，人力资源部总监发现这名应聘者不论是口才表达还是专业技能都非常出色，而且他在过去几年已经开发设计出了好几款颇得业界好评的游戏软件。

这名应聘者的工作能力，不仅得到人力资源部总监的肯定，就连主管软件研发和设计的几位工程师都非常满意。但是满意归满意，一切还要按章程办事。该企业一贯的招聘原则是，无论是老员工职位调升还是选聘新员工，都要对员工进行全面考核，考核内容不仅包括专业技能，还有工作态度、道德品质等各方面的素质。

为了更全面地了解这名应聘者的综合素质，人力资源部总监在第二轮面试时向那位应聘者问道："请问你是如何看待你从前的那家企业的？此外，你能不能告诉我们你为什么要离开那家企业？"

这位应聘者回答说："那是一个让人留恋的企业，它给人的感觉就像是一个大家庭，每一位员工都像企业的家人，大家在一起友好地相处，且人人平等相互尊重。"接着这位应聘者又饱含深情地说："尤其是我们软件设计部门，大家有什么问题都可以互相进行讨论，虽然有时候会因为一些技术方面的问题争得面红耳赤，但大家都是为了一个共同的目的——使问题得以完美的解决。当问题解决之后，大家都会击掌相庆，总之，我们每一个人都对自己的企业充满了热爱和感激。”

“既然你的公司那么和睦，那你为什么要离开那个可爱的大家庭呢？”人力资源部总监此时的语气中似乎充满了好奇，态度也不再像此前一样严肃。

听到人力资源部总监的提问，那位应聘者继续答道：“您可能已经从我的简历中发现，我在前一家公司整整工作了8年。8年来，工作一直比较忙碌，虽然这样的工作状态让人感觉到非常充实，但是由于一直忙于工作，我总是抽不出足够的时间认真学习新知识。我认为自己在专业技能方面很大程度上已经落后于那些顶尖设计者了，所以决定离开公司去好好进修一年。这也是我为什么有一年没有工作的原因。通过一年的认真学习，我觉得自己在专业技能方面有了一定程度的提高，而我原来所在的企业因为业务方向的转变，不再从事游戏软件开发了，所以我才决定到其他公司就职。经过自己的查找和朋友的介绍，我觉得自己比较适合在贵公司的游戏软件开发部门工作，于是就来贵公司应聘了。”

听完这名应聘者的解说，人力资源部总监和另外两名管理者当即决定让他下周一就来公司报到，接受企业内部新员工培训。就这样，这名应聘者靠着自己言语中透露出来的“以企业为家”的字眼成功地在众多应聘者当中脱颖而出，率先成为了这家知名企业的一名员工。

以企业为家的人，必定是热爱企业、感恩团队的员工，这种人身上都有着积极的正能量，他们能够创造出良好的工作环境，能够使团队合作的氛围更加融洽，能够感染其他团队成员的情绪，能够大大提高整个团队的工作热情、工作效率。“公司兴亡，我有责任”是他们对待企业的核心原则。

因为他们懂得，作为员工，企业是员工获取财富的黄金地带，是全体员工生存和发展的载体。离开这个载体，再有能力的员工也无法让自己的聪明才智得到有效发挥，就像一个备受公众认可的优秀演员离开了舞台，他的价值也就体现不出来了。只有与企业同甘共苦，共同成长壮大，把个人前途与企业未来紧密相连的员工，才是企业真正需要的人才。因此，要想成为单位中的佼佼者，成为企业中的常青树，最好的办法就是以企业为家。

工作金言

员工与团队、企业之间的关系，就是树与土壤的关系。员工只有全身心地融入到企业中，才能和团队一起成长壮大。

问题思考

思考以下两个问题，并写下你心中的答案。

问题一：你能不能做到以主人翁的精神对待自己的企业？

问题二：当自己的企业遇到困难濒临倒闭时，你是愿意留下来同企业同舟共济，还是决然离开？

正能量加油站：完善自己，欣赏别人

在单位，能不能处理好与同事的关系，会直接影响工作。有些人，包括年长者，也包括年轻人，处世很有技巧，他们不会花言巧语，却跟大部分人都能合得来。这些人往往有很强的号召力，心态平和，不感情用事。办公室虽小，却也自成一方天地，可谓是男女老少，贤愚毕至，应付起来原本就够吃力，而同事之间又是站在公司的总目标下并肩作战、共同奋斗的人，因此要想成为一名优秀的员工，就要不断完善自己，并学会欣赏别人。

1. 不做报怨不休的人

“好话不出门，坏话传千里。”在我们面前说人是非的人，也一定会在他们面前非议我们。一来一往容易滋生是非，影响公司的凝聚力。与其抱怨对公司和同事的不满，不如努力地欣赏彼此之间的可取之处，这样一来，你会发现自己的处境大有改善。

不妨想一想，你喜欢哪一种工作伙伴呢？是那些总在抱怨的人吗？抱怨不可取，指责和批评的权力，也不要随意使用它。

任何人都害怕受到别人的指责和批评。如果你希望你身边的人认识并且改正错误，你采用最愚蠢的方式，就是对他的过失大加指责。然而不幸的是，这种最愚蠢的方式，不但不能达到人们所期望的效果，还有可能使问题更加严重。

2. 换位思考

如果说成功有秘诀的话，那就是了解对方的想法，并且从对方的角度和自己的角度来看事情。

如果按照对方的思考方式、行为方式、利益点为出发点，那么你们就是站在同一个基础上了。你们才能开始有真正开放的对话。千万不要只想自己，或是只想自己的需求。想想别人的需求，再想想问些什么样的问题可以更了解他们真正的需要。

3. 从完善自己做起

让自己成为一个心胸开阔、不斤斤计较的人。有的人与同事的关系不好，多是因为过于计较自己的利益，甚至是锱铢必较，久了难免会引起同事的反感。

保持乐观的情绪，善于与人交往。他们能够经常与同事们聊天，并一起参加社会活动，平时注意虚心学习别人的长处，不以自我为中心。这样别人会觉得这个人很友善，平易近人，愿意与之交往。

4. 有效地利用求教

优秀的员工能做到尊重同事，虚心求教。尤其对年轻人来说，刚到公司，所有的工作对你来说都是陌生的，因此，应多向同事求教。不管你的学历有多高，都要有一种从零做起的心态，尊重同事，不论对方年龄大小，只要比你先来公司，你都应该虚心请教，埋头学习和苦干。

5. 不打击别人的信心

公司举行员工联欢会，有位员工因工作出错而受到老板的严厉批评，他很沮丧，情绪也很低落。大家都避免谈论这个敏感话题。可是有位销售员因本月业绩突出，受到了嘉奖，心情很舒畅。几杯酒一下肚，便忍不住就开始谈他的赚钱本领和花钱功夫，那种得意的神情所有的员工看了都有些不舒服。那位失意的员工低头不语，脸色非常难看，一会儿去上厕所，一会儿去洗脸，后来还提早离开了。

人生得意时要懂得珍惜，但不要张狂，不要以你的得意来映衬打击别人的失意。

失意者对你的怀恨多半不会立即显现出来，因为他们此时无力显现，但他会透过各种方式来泄恨，例如说你坏话、扯你后腿、故意与你为敌，其主要目的就是要看一看你能得意到什么时候。而最明显的则是疏远你，避免和你碰面，以免再听到你的得意之事，于是你不知不觉就失去了一个朋友。

6. 收敛锋芒

许多人由于过分迫切地展示自己，反而使自己在上司和同事们的眼里变成了一个“狂妄自大”、“不知天高地厚”的“傻瓜”。尤其是在东方文化传统影响甚深的社会里，遭遇到这样不幸命运的年轻人，要比因为没有被人发现其才华的不幸者的数目，高出好几倍。因为他们太急于表现，太急于想获得成功，所以在这些“初生的牛犊”还未来得及施展自己的真才实学之前，就已经被某些身居要职的人排斥在获得成功的大门之外。

想要在事业上一展才华的人，要记得时机没有成熟之前，千万别锋芒太露。要有所顾忌。

人处在这个社会中，就会不断发生与人交往合作的事情，如果不能处理好这种合作关系很可能就会让你备受牵制，成功无望。在企业中也是如此，要成为一名优秀的员工，就要不断完善自己，欣赏别人。

第 11 章

积极沟通，正能量让工作更顺畅

在工作过程中，沟通对于整个团队甚至整个企业工作效能的提升都是至关重要的，而作为企业的员工，也只有传递正能量，保证良性沟通，才能形成与企业共同发展、相得益彰的局面。

上下级间要多些沟通理解

在工作过程中，沟通是必不可少的。而良好的沟通能力对每一位优秀员工来说，更是工作中必须具备的。事实上，在现代企业中，无论是员工与员工之间、员工与老板之间，还是员工与客户之间，都需要进行有效沟通。

这几天来，李建有些闷闷不乐，他总觉得上司张军对他不太满意。平时，李建和张军的交集并不多，虽然张军没有明确地向他表示过，但他觉得自己的感觉没有错。

李建对此大为困惑，这究竟是为什么呢？自己所带的团队是公司中最优秀的团队之一，这是大家都知道的；自己和自己的团队在这一阶段的表现也很正常，没有什么差错。那么，到底是什么让上司如此不满意呢？李建百思不得其解。

这时，和同事的谈话让他恍然大悟："李建，你是不是对张军有意见？""没有啊，怎么会？"同事接着说："那为什么你从来不向他汇报工作？公司同事都还以为你目中无人，对他不满意呢！"

李建总觉得自己做好本职工作就好了，工作中存在的问题也总是自己独立去解决，从来不想麻烦张军。殊不知，正是他这种不与上司沟通的表现，让上司认为他是一个自负、目中无人的员工。

每个老板都需要一些得力的员工为自己分担工作。积极沟通才能让老板全面地认识到员工的能力。如果你与上司缺乏沟通，很有可能会给上司留下不好的印象，从而影响自己职业生涯的发展。

因此，每一名员工，都应该经常同自己的老板和上级进行沟通。有效沟通是一种正能量，只有经常同老板和上司进行沟通交流，才会使他对你有进一步的了解，对你的能力与潜力做到心中有数，进而才能够放心地将重要的工作交给你去做。

当然，要想成为企业最受欢迎的人，仅仅与老板或上司实现良性沟通是不够的，与下属、同事甚至客户的良性沟通更是不可或缺的。

郑冬是一家软件公司的部门主管。一次，他正在审阅一份重要的投资项目计划书。然而，在审阅中，他发现有几处数字和他之前了解到的核对不上。

郑冬本来能够自己更正这些数据的，但意识到项目的重要性，他当即放下资料给负责拟定这份计划书的员工打电话。在电话中，他严厉地批评了那位员工，那位员工也对自己工作中的失误感到很惭愧。

然而，出乎意料的是，几天之后，在公司员工一起吃饭的时候，郑冬亲自倒了两杯酒，走到几天前他批评过的那位员工面前，将其中一杯酒递给他，并微笑着说："之前我批评了你，你不要放在心上，以后在工作中细心就好！别小瞧这些数字，错一点就可能造成大错，以后一定要弄清楚！这杯酒就当是我敬你了，相信你以后的工作会越来越好的！"

就这样，郑冬简单自然地讲了一席话，敬了一杯酒，就拉近了与自己批评过的下属之间的距离，不仅缓和了两人的气氛，也解除了那位员工的思想负担。

人与人之间的好感，往往都是在实际接触和语言沟通中才能建立起来的。在上述案例中，郑冬既在批评中让员工认识到了自己的错误，又缓解了员工的心理压力。其实，这体现的正是一种巧妙的沟通方法，他传递给员工的是一种正能量，既不会使自己与员工之间的关系归于紧张，又能通过巧妙的沟通让员工心服口服地接受批评。

在企业中，老板往往会更青睐那个具有正能量，坦诚、善于沟通和交流的员工；下属也往往会更喜欢那个传递正能量，与自己积极沟通的上司；客户往往也会更喜欢那个热情、积极、善于替别人着想的合作伙伴……

一个善于和老板进行沟通的员工，往往能更快、更好地领会老板的意图，把工作做得更加出色，从而进一步受到老板的青睐；而一个善于和下属进行沟通的上司，往往能够更容易了解下属的想法，从而有的放矢，采用恰到好处的管理方法；而一个善于和客户沟通的员工，才能够有效挖掘出客户的需求，进而促成成交……

因此，要想成为一名优秀的员工，一定要及时与人沟通，不管是关于工作中的成绩，还是工作中的不足，及时沟通总比你一言不发要好得多。因为，当你积极主动与人沟通的时候，你的正能量便传递给了他，你也势必会因此受益。

工作金言

要想使自己在职场中脱颖而出，除了主动执行的工作态度外，还要积极主动地与人沟通。

问题思考

美国金融家阿尔伯特在初入金融界时，他的一些同学已在金融界内担任高职，都成为了老板的心腹、得力助手。他们教给阿尔伯特的一个最重要的秘诀便是——“多进行有效沟通，并且，千万要多跟老板讲话”。

结合本文及你的实际情况，回答下面几个问题。

问题一：你如何理解阿尔伯特的朋友教给他的话？

问题二：在工作中，你是否是一个积极与别人进行沟通的员工？

敢于表现，不要总是做“应声虫”

有些员工在工作中一直都没有自己的想法，也有些员工习惯于随声附和、人云亦云，甚至逆来顺受，不敢表达自己的观点。但无论是哪一种，这种“沉默者”和“应声虫”传达给别人的都是一种负能量，久而久之，老板自然会忽视他们的存在，同事也不会再尊重他们的意见，而他们自己也势必在日复一日的沉默中失去激情、动力。

杨兴是一家网络科技公司的程序员，在平时的工作中，他总是闷头工作，不怎么爱说话。

一天，杨兴的上司将杨兴上交的程序方案交给他，并说：“你的程序中有几处设计得不好，修改完了以后再交给我。”

杨兴马上接过来说：“是。”然后，他便专注到自己的程序中，寻找到底是哪里出了问题。

在随后的半个月内，杨兴又接到五次要重新修改程序方案的指示。杨兴很纳闷，这个程序好像已经没有什么问题了，这五次修改似乎都没什么必要。

但是，杨兴在每一次接到指示时，都没有提出自己的疑问，只是低头重复着说“是”，随后又接着做毫无意义的工作。

后来，好心的同事告诉他，上司注意到杨兴在日常工作中缺乏主动性，不管工作任务作何安排，总是喜欢低头说“是”，从不表达自己的意见和想法，而现在，主管只是想通过这个方法让他有所领悟和改变。但是，虽然已经五次了，杨兴依然没有学会与人沟通，学会主动询问为什么。

在工作中，很多员工都有这样的顾虑——尽管在自己看来，自己的建议是个好点子，但万一不被管理者认可怎么办？如果自己将想法告知管理者，而恰恰与管理者的观点相左怎么办？然而，很多调查显示，大多数管理者都希望自己手下的员工能够有主见，并且敢于说出自己的想法，不管对错，他们希望听到更多不同的声音。

某人力资源经理杂志就曾经做过一次调查，让企业管理者列出了他们在寻找人才时的选拔标准，其中最引人注目的一条就是——勇气。一位管理者坦率地表示：“我需要有想法的人才，但更需要那些敢于对我说出自己想法的人，这样的人才是真正有价值的。”

因此，要想成为一名优秀的员工，就必须要敢于说出自己的想法，即使是对上司说“不”，你也应该及时地提出自己的见解和想法，这才是同老板或上司进行交流沟通的有效方法。

布兰妮是惠普公司的销售主管，连续几年，她都被公司评为优秀雇员。

有一次，布兰妮被公司派去参加一个销售专题讨论会，她在转型人才和国际微机市场动态等问题上有深入的研究，她很期待这次会议，她计划在会上与业内精英做一次很好的交流并使自己有所提高。

然而，事与愿违，第一天公司额外要求她去协调与会者在傍晚的活动，认为这样可以更深层次地履行公司作为东道主的职责。实际上，为这次讨论会的成功做出贡献也符合她的价值观和原则，于是，布兰妮接受了。

然而，很快她便发现自己为了这个额外的负担而处于巨大的压力和忧虑之中。因为为了满足每个人的要求，布兰妮不得不来回奔波，而她根本无法腾出时间来做自己原来想做的事，这使她变得很沮丧。

就在这种沮丧中，她开始思考：“公司给我安排工作任务，我应该去执行，但我也不必去做那些并不擅长事情啊？再者说，公司知道我的长处所在，如果我向他们说明我的处境，他们应该会派一名适合做这个工作的人来接替我。这不是更好吗？”

于是，布兰妮便决定就此事与公司领导沟通，她深深地吸了一口气，随后打电话向上司说出了自己的处境和想法。上司立即明白了她的想法，认为布兰妮建议的不错，于是，上司及时做出了调整，派出了一名优秀的公关经理接替了布兰妮。

就这样，布兰妮便得以将自己的注意力集中到这次研讨会上。而布兰妮独特的见解和市场眼光在赢得了业界人士赞赏和好评的同时，也给惠普公司带来了极大的荣誉和良好的影响。

布兰妮之所以能成为一名优秀的员工，与其能在有想法的时候及时与上司沟通是密不可分的。作为一个职场人士，也经常会像布兰妮那样，遇到这样的尴尬：老板给你安排了额外的工作，这些工作接受下来会打乱你既定的工作计划，而且不能保证很好地完成；如果不接受，又怕得罪老板。还有一种情况：当工作出现失误时，同事或上司为了推卸责任，会让你一个人背黑锅。

对于这些职场中的不可承受之重，通常情况下，员工都会勉强接受，但最终往往没有好的结果。实际上，如果你敢于表达自己的想法，敢于向你认为不太合理的事情说“不”，就会杜绝不良后果的发生。因为积极的沟通能传递一种正能量，即使你的想法与上司背道而驰，他也会理解你的想法，从而重新思考自己的决策。

当然，老板或上司毕竟是你职场中的关键人物，在与其说你的想法时，也要注意沟通的方式、方法，以便不至于让关系变得更糟。

因此，敢于表达自己的意见和想法，才能成为企业和老板眼中有独立性、有思想、有魄力的优秀员工。

工作金言

老板并不喜欢只会说“是”的人，他们更需要具有独立性、主动性与创造性的员工。

问题思考

以下是张敬与他的上司的一段谈话：

“经理，您为什么不同意让我的团队使用这种新的办公软件呢？”

张敬的上司回答道：“我对这套软件是否真的能提高你们的工作效率表示怀疑。另外，为了配合这种软件的使用，我们的硬件还需要进行一次大规模的更新。你要知道，这可不是一笔小数目，而且这些费用并不在公司的预算之内。再者说，我觉得你们目前的工作状况很好，没有必要用新的软件。”

“可是，经理，我们部门确实很需要这套软件，我相信它一定能给我们带来很大的好处。”

“是吗？那说说你的想法，你的理由是什么呢？”

“具体我也说不清，但我想的确是这样的。”

“张敬，很抱歉，如果你只有这么点理由，你无法说服我。”

一个人有想法很简单，但能把自己的想法说出来却不简单。在工作过程中，你是否曾有过有想法却没有说出来的经历呢？如果有，思考一下，以后该怎么做。

沟通能让执行落到实处

企业中的每一个员工都不是独立的个体，而是团队的一部分，而要想使团队更有效地运作，高效的沟通是必不可少的。因为每个员工都是执行者，而对于每一个执行者来说，沟通能力都是至关重要的能力。良性的沟通是工作中的正能量，如果没有做好沟通，不但会给执行增加障碍，还有可能给工作带来更多的问题。

一个主管在工作时不小心把办公室的窗帘给点着了。恰好，有员工走到了办公室门口，主管赶紧对刚走到门口的员工说："快点，去拿桶水来！"

员工听到后，立即去找水，并且边走边想：水龙头在哪儿？水桶在哪儿？他一下子想起不远处的食堂就有水桶，于是他到食堂拿到了水桶。随后，他又盘算着，应该拿着桶到离办公室最近的水龙头打水，这样最节约时间，也最省力。

然而，当他回头看主管的办公室时，发现办公室已经浓烟滚滚！

原来，当主管发现火情，见到员工一来便告诉他，希望他马上去打水灭火。然而，主管的话还没有说完，员工便转头去执行了。主管开始抱怨，我的命令还没说完，他就跑掉了，结果让事情变得更加严重了。

> 然而，员工心里也委屈：早知道是灭火，附近就有灭火器，我为什么还要跑到远处去拿水桶呢？

这是现代企业中存在的典型的由沟通障碍而引起执行偏差的例子。也许有人会觉得执行偏差的出现是由于主管的指令下达得不够鲜明，如果主管起初就对员工说“着火了，你赶紧想办法灭火”，或许员工也就不会出现执行偏差了。

然而，在工作中由于领导工作的特殊性，他往往以为员工了解自己的境况，所以很难将指令说得非常具体。因此，这就要求员工具备很强的沟通意识。试想，如果员工在接收到指令的时候不是急于执行，而是多问一句“干什么用的水”，想必领导必定会说“要救火，赶紧”。而当员工将自己所想——“救火不一定非得用水呀！附近不是有灭火器吗？”告知领导的时候，领导势必会认可。如此，几分钟内火警便能得到解除了。

因此，在接到命令时，员工不能急于执行，而应该及时与上司进行沟通，了解其真实意图，这样才能让自己在工作中发挥更多的正能量，而不是由于执行偏差而面临被淘汰的结局。

> 一家公司的主管向他的朋友抱怨，说他们公司新来了一个应届大学毕业生，面试的时候无论从外表、谈吐、学历、专业、实习经历来说，都非常符合秘书这个职位的要求。然而，等她真正工作了两个月才发现，她在实际工作中非常不专业。
>
> 例如，一件事情交代下去，不管完成与否，也不管处理的进度如何，总要等到主管主动过问，她才知道做了没有，进展到什么程度了。所以，那个主管老是得跟在她屁股后面要结果。

对于员工来说，执行力需要与沟通能力紧密结合。上司给你安排了一项任务，你必须及时与其沟通，让上司明白任务的进度及情况，如此，上司才能对你完成任务的情况有一个大体的把握，从而调整对你的工作安排。而及时的请示与汇报，也能让上司从中看到你更多的正能量，从而对你委以重任。

因此，在工作中，除了执行之前要沟通，在执行的过程中，以及执行之后也应该及时与上司进行沟通。对此，不妨时刻问自己几个问题：与上下级之间的沟通是否充分，与团队的沟通是否充分，同事是否明白你的意图和想法？你有没有适当地反映真实情况？对于这几个问题，如果你无法回答出来，就会给执行造成障碍。

执行力一定是先知而后行，只有建立在“知行合一”基础上的执行，才会有良好的效果。所以，一定要带着正能量去工作，及时化解矛盾、澄清误会，及时扫清沟通障碍，才能将执行落到实处，让正能量有发挥的余地。

工作金言

执行力，是由“知”到“行”的实践力，只有将沟通和执行完美结合起来的员工，才能在工作中获得更大的成就。

问题思考

一天，一位成功的企业家到一家公司谈判，该公司的秘书把他请到会客室等候。

企业家刚进入会议室，秘书便微笑着对他说：“您好，请先稍等片刻，经理马上就过来。您看您需要喝点什么呢？我们有咖啡、果汁、红茶、柠檬水、矿泉水。”

企业家说：“我喝矿泉水就好了。”

秘书又笑着问：“那请问您是要热的、冷的还是常温的呢？”

企业家面对如此周到的服务，不好意思地说：“不用麻烦，喝常温的好了。”

秘书说：“好的，请稍后，马上就来。”

这时，虽然还没有开始谈判，企业家便已经对这家公司的超强执行力深信不疑。

结合上面的故事，思考以下问题，并写出你认为最合适的答案。

问题一：你认为是什么使这位企业家还没有开始谈判便对该公司的执行力深信不疑？

问题二：在工作中，你是否有因沟通不够而导致执行没有落到实处的经历？

巧妙“进谏”，让沟通完美升级

在工作中，员工往往都有向老板或上司提出意见或建议的时候，然而，如果你在与其沟通时没有将话说到他们的心坎上，那么很有可能导致不但意见不会被采纳，还会因此而令老板对你产生误解，甚至使你面临失业的后果。因此，在向上司进谏时，一定要注意方式方法，只有巧妙地“进谏”才能让沟通不断升级。

威尔逊是美国第28任总统，他在工作上能力过人，然而，他也非常自负，对于别人的意见和建议往往不屑一顾，甚至根本就不予理睬。正因如此，很多下属所提的有创意的建议都被毫不留情地拒之门外，而威尔逊也被下属称为“像一扇老橡木做的门”。

然而，在威尔逊的下属中，却有一个人例外，他便是威尔逊的私人助理豪斯。

其实，刚开始的时候，豪斯也像其他人一样，曾遭受到无情的拒绝。威尔逊总统曾不止一次地告诉他：“在我愿意听废话的时候，我会再次请你光临。”

不过，聪明的豪斯并没有就此作罢，而是苦心研究，随后他终于找到了向总统提建议的方法。

豪斯找到方法的灵感来源于一次宴会。在他与总统参加一次宴会的时候，豪斯很吃惊地听到总统正把数天前自己私下向总统提的建议作为他自己本人的见解公开发表。

这本是一件无足轻重的小事情，然而这件小事却使豪斯顿悟，他得出结论：在向上级建议时，一定要避免他人在场。如此，他便能够把意见悄悄地植入到上司的心中，从而使上司坚定不移地相信这是他本人想出的好主意，并让上司自己把这些构思公之于众。

若干年后，豪斯回忆说：“我之所以不愿意称那些计划是我的，并不仅仅出于讨总统喜欢。我的计划充其量是一棵树种，而这棵树要想长成参天大树，就离不开水分、空气、阳光和土壤。而如果它只留在我的心里，则永远也无法成长大树，但是总统却有这些条件。于是，我便选择悄悄地把种子移植到总统心中。所以，公平地说，把树种变成大树的是总统。”

对于这件事情，后人戏称豪斯发明了“思想试管婴儿”，而总统威尔逊则是这个伟大试验的母体。

豪斯对上司的“进谏”非常巧妙，从而让“像一扇老橡木做的门”一样的总统理所当然地接受了他的建议。可见，下属在向上司提出建议时，确实需要有一定的方式与技巧，这样才有可能将自己的观点和想法有效传达，从而获得上司的青睐。

而员工向上司提出意见或建议时，应时刻替企业与老板着想，从一个比较高的角度上思考问题，兼顾双方的利益。并且，在沟通的过程中，也要尽量不占上风，不以针锋相对的形式令对方难堪，而要尽量充分地理解对方。这样，你的“进谏”才会达到皆大欢喜的效果。

在向上司提建议时，一定要让他看到你的正能量，同时不要忘记沟通是为了一个设定的目的，把信息、思想和情感在个人或人群间传递，并且达成共同协议的过程，只有时刻把握这三大要素，才能达到你希望达到的目的。

当然，在向老板或上司进谏时，难免会遇到意见被“我不赞成”或“这不合适”等话驳回的时候，这时不要心灰意冷，因为一两次的意见被否决就责难老板、放弃自己的努力是一种非常愚蠢的做法。此时，如果你能唤醒自己更多的正能量，在你意见的内容、方式方法上下足工夫，调整自己的策略，一定能达到建言献策的预期效果。

工作金言

当按部就班的“进谏”起不到实际作用的时候，不妨在正能量的指引下进行“曲线进攻”，说不定你会取得意想不到的效果。

问题思考

刘明来到了顶头上司霍华德先生的办公室。

“经理，您找我有什么事吗？”

“刘明，我打算再进购50万立方米的木材，这件事就交给你来办吧。”

“可是我们现在并不缺少木材啊。”

“也许吧，不过我打算再买一些，以后会派得上用场。怎么，刘明，你有什么问题吗？”

“是的，先生。我认为我们现在并不急需木材，您看是不是……”

“我已经拿定主意了，就这么办吧。”

“可是，霍华德先生，我……”

“别说了，刘明。这里我说了算，要是你有什么问题，我可以另外找人去办这件事。”

“好吧，我会照您的意思去办的。”

结合本文及上述案例，思考下面几个问题。

问题一：为什么霍华德对于刘明的建议很反感？你有当面对上司提出异议的经历吗？

问题二：如果你是刘明，接下来会怎么做？

正能量加油站：协调好同事之间的关系

生产社会化程度的提高和现代高科技的发展，决定了人与人之间必须合作。18 世纪的牛顿和 19 世纪的爱迪生是依靠个人“单打独斗式”的奋斗成功的范例。而在知识经济的今天，一个人单枪匹马、孤军奋战很难有大的作为。协调好关系，这是一切顺利进行的前提。要和别人很好地交流，首先要善于合作，学会共事。当代不少科技项目需要许多人合作完成，重大成果的获得者，往往是团队冠军，因而善于合作与协同的人成功机会更大。

你要想成就大业，就必须有良好的交际协调能力，广交朋友。你应该积极妥善地处理好与老板和同事之间的工作关系，努力创造一种和睦友善的工作环境。广交朋友，可以助你在事业之海上乘风破浪，安然前行，无往而不胜。

如果你与同事们的关系融洽，甚至对他们还有一定的影响力，对你表示信任的结果是你及其他职员更加发奋地工作，那上司就会信任于你，但倘若把自己孤立于群体之外，使同事们对你满怀嫉妒、怨恨之情，此时，信任你一人就会引起大家的心理不平衡，挫伤他们的工作积极性，并进而影响到全局任务的完成。在这种情况下，任何上司都不会甘冒惹恼众人的风险而对你表现出信任。即使原来已建立了比较稳定的信任关系，此时上司也不得不忍痛割爱，以牺牲你为手段来换取他人的支持、拥护，从而保证他的利益的实现。

1. 让更多的人支持你

在你遭遇拒绝之前先取得并收集支持力量，你可以把自己的建议提前说给一些有资历的人听，从他们那儿获取经验和意见，或者你准备好预备方案以备一些意料之中的反对。

你最好的赌注可能就是：从你钦佩羡慕的人那里获取一些清晰的、有逻辑的观点，这些人可以接受，能够理解你的观点，并会给你提出适当的建议和意见，也许你和一个执行官的关系不错，他很赏识你，很乐意为你指出一条成功的路径，良师的帮助是巨大的，不仅给你指明了一条关系更多的新路，而且可以教你一些技巧，使你不至于那么容易遭到拒绝。上述种种都是所谓的同盟，所谓的护卫装备。当然，一切还都得靠你自己。

2. 协调“新”“老”员工间的关系

每个人都做过新人，当然也记得刚刚到任时的情况。对公司上上下下的员工都不认识，对公司的运作又不了解，要请教别人，也不知问谁。

其实每个新人也需要一段时间来摸索清楚公司的种种不同状况。作为老人，在遇到新人有不明白时，应加以讲解。

有时候，即使该新人不是自己部门的，但如发觉他茫然不知所措时，也可以主动一点，问他有什么自己可以帮忙的。这不仅帮了人家，也可以赢得一份友谊。

如果发觉新人犯了错，不应立即斥责，或向上司打小报告，因为新人犯错是可谅解的。所以即使当时你很忙，没时间向他解释清楚犯错的原因，也应主动协助他把错误改正过来。

3. 有分歧及时沟通

员工事业的成功，很大程度上来源于同事的鼎力相助。人言“和为贵”，在人与自然的关系问题上重视人与自然的统一，在人与人的关系问题上重视人与人的和谐。用传统名词来说，前者谓之“天人合一”，后者谓之“以和为贵”。有的员工事业上没有取得成功，问题可能就出在这里。

4. 以“团结协作”为自己工作的指南

如果你仔细地去看成绩突出的员工，就会发现他们有一个共同之处，那就是他们的人际关系都很广泛，善于团结人以争取最大的支持。

老虎那么厉害，但也害怕一群狼，因为狼有团结作战的习惯。

要想做一名优秀的员工，就必须有一个好的人际圈子，要知道仅凭一个人的能力是很难完成自己的事业的。只要有同事愿意帮你，不断地给你提供各种资源，你才能有更多的成功机会。但是，人际关系的圈子是需要你来培养的，只有用真诚和爱心才能巩固起你的人际关系。也只有团结他人，你工作的力量才会更强大。

一个人的力量是有限的，但再大的力量也是由点滴个人力量聚集而成。

“有很强的沟通能力并善于与他人协作”已成为企业招募员工和考评时，对其素质的重要衡量指标。团队精神是现代企业成功的必要条件之一。能够与同事友好协作，集体利益至上，就能够把你独特的优势在工作中淋漓尽致地展现出来，也自然能够引起老板的关注。

第12章

众志成城，用企业文化激发自身正能量

一个人只有认同企业文化，与企业目标一致才会忠诚于企业，才能真正地爱岗敬业，愿意与企业共同发展，为企业创造价值；那些有能力却不认同企业文化的人，是不可能真正成为企业所需要的人才的。

认同企业文化的员工才是优秀员工

什么样的员工才是优秀的员工？

相信绝大多数员工都会答："这还用问，肯定是那些工作最出色，业绩最好的员工呗！"这种看法只是部分正确。实际上，认同企业文化的员工才是优秀员工，认同企业文化的员工才能在工作中爆发出强大的正能量。

理由很简单，企业文化是一个企业的核心价值观和灵魂。核心价值观回答了企业生存与发展的意义，解决了企业"是什么，为什么以及将是什么"的问题，它所产生的认同感和凝聚力是巨大的。

即使员工的绩效非常好，他也未必是优秀员工。因为他们对企业文化没有认同感，迟早会离开或被淘汰。

> 张京是一名小有名气的设计师，在一家服装企业上班。这家企业强调"客户至上"的理念，但客户的需求与他理想中的设计相距甚远。在他看来，这些所谓的迎合市场需求的设计根本不是他想要的设计，客户要求的设计就是一堆垃圾。张京越干越没兴趣，对待工作也越来越敷衍，最终因为一个设计细节的处理未达标而造成了客户的损失。而他所在的服装企业也针对他的这次过失对他进行了辞退处理。

张京希望做更多的创意，而企业则以客户需求作为第一价值取向，二者矛盾的结果是张京对工作越来越敷衍，最终因为工作失误被迫离开。由此不难看出，那些有能力但不认同企业文化的员工即使继续工作，也无法调动自己的最大潜力，最终只能沦为平庸，这样的员工并不是企业需要的人。

相反，员工只要遵循企业要求，认同企业文化，才会忠于企业，自动自发地工作，把工作当成事业，时刻站在企业的角度考虑问题，这类员工即使业绩暂时不好，也是非常有潜力的。即使面对挑战，也会主动调整自己来适应工作。

实际上，各个企业的文化虽有不同，但一些基本的准则永远是一致的，比如爱岗敬业、诚信、团队精神等。一个人感叹无法适应这个企业的文化，即使换一家企业他很可能也难以适应。

最后的结果就是，这个员工在哀怨声中不断换工作，在任何一个岗位上都浅尝辄止，最终有可能断送掉自己的职业生涯。

只有学会去包容和适应企业文化才是成熟的表现。当企业文化无法改变时，你首先要做的是去改变自己，发自内心地去认同企业文化。这样才能释放你内心中的愤懑和不满，唤醒你心中的正能量，在工作中发挥你的热情，成为优秀的员工。

工作金言

只有员工真正认同企业文化，才能最大程度地发挥自己的正能量，在与企业的合作中取得共赢！

问题思考

春妮是北京电视台节目主持人，她在与德云社合作的栏目《星夜故事秀》中充满了痛苦。春妮原本的银幕形象一直是温婉大方型，无论是观众还是她自己都认可了这样的一种形象。然而在《星夜故事秀》中为了跟上这帮笑星的节奏，她不得不和他们一起互动，大笑大闹，极尽耍嘴皮之能事，完全打破了原本的形象定位。

虽然表面风光无限，春妮的内心却特别痛苦。一次，一个朋友在看了她主持的《星夜故事秀》后给她打电话："我觉得你一直挺淑女的，没想到笑起来那么没心没肺。"这当然是开玩笑的话，但却让春妮触动很大。她无法接受自己嬉皮搞怪的形象，好几次想退出这个节目。

但春妮对电视台理念的还是认可的，个人应该服从领导的工作安排。经过反复思量，春妮认为，这些只是工作的需要，而不表示自己就是那样的性格。别人怎么看没必要过多在意，只要自己能够求得内心的平衡就好。

经过与领导的沟通和朋友的倾诉，春妮终于化解了内心的矛盾，变得更加自信从容，《星夜故事秀》的收视率也大为提高。

如果你是春妮，公司要调整你的职位，你是否会欣然接受？谈谈你的看法。

企业文化引领员工正能量

每个企业都有其自身独特的企业文化。一个强有力的企业文化，能够激发员工的积极性，使员工爱岗敬业，并为企业发展提供智力支持和精神动力。它是催生业绩的动力，是追求卓越的情怀，更是一种凝聚激情、锻造辉煌的正能量。

只有员工对企业真正有了认同感，以企业为家，才能对工作尽心尽力，成为企业发展的助推器，与企业共同发展；反之，如果员工没有认同感，就会对工作敷衍了事，成为企业发展的绊脚石。

从 1962 年成立至今，沃尔玛经过 50 多年的发展，已成为美国最大的私人雇主和世界最大的连锁零售商，在全球多个国家被评为“最受赞赏的企业”和“最适合工作的企业”之一。沃尔玛是如何让员工卖力工作的呢？其实，沃尔玛的企业文化是提高员工忠诚度和工作积极性的重要原因。

沃尔玛的企业文化不只强调尊重顾客，为顾客提供一流的服务，而且还强调尊重公司的每一个员工。沃尔玛公司不把员工当作“雇员”来看待，而是视为“合伙人”和“同事”。公司规定对下属一律称“同事”而不称“雇员”。即使是沃尔玛的创始人沃尔顿在称呼下属时，也是称呼“同事”。

在沃尔玛，所有员工包括总裁佩带的工牌都注明“我们的同事创造非凡”，除了名字外，不标注任何职务。公司内部没有上下级之分，下属对上司也直呼其名，这就为公司运营营造了一种上下平等、随意亲切的气氛。这让员工认识到，自己和上司都是公司内平等而且重要的一员，只是分工不同而已，从而让自己全身心地投入工作，为公司也为自己谋求更大的利益。

正是由于沃尔玛公司这种人性化的企业文化，才让员工心甘情愿、尽职尽责地为公司做事。而沃尔玛员工的忠诚与敬业，也赢得了企业的高度信任与优厚回报。“合伙人”是沃尔玛员工的一个著名称谓：一方面，沃尔玛把公司领导称为公仆；另一方面又把员工称为合伙人，即公司不是管理者的，而是每一名员工的。这与许多企业强调管理者的领导地位迥然不同。沃尔玛还曾先后为员工实施了“利润分配计划”、“雇员购股计划”等，让员工以入股的方式真正参与到企业的管理和发展中去，这不仅对员工的忠诚度作了最好的回报，也大大提高了员工的工作积极性和主人翁精神。

沃尔玛的员工琼·凯利说：“我们以在沃尔玛工作为快乐，把沃尔玛公司当作实现自己人生目标的舞台，我们是沃尔玛的‘合

> 伙人’。”琼·凯利 20 岁时，便进入沃尔玛 25 号分店工作，负责处理货物索赔事项，是沃尔玛的老员工。一开始，她的哥哥试图说服琼辞去工作，认为她在沃尔玛以外的任何地方的工资都会比这里高。然而，琼留了下来，并成了公司“利润分享计划”中的一员。到了 1991 年，她的利润分享数字变成了 22.8 万美元，而她的职位也从原来普通的员工晋升到经理。琼很庆幸自己没有听从哥哥的话，而是坚持了自己的意见，也很高兴自己对沃尔玛忠心耿耿、尽职尽责。现在她不仅可以拿所挣的钱供她的宝贝女儿上大学，而且还在沃尔玛公司这个舞台上实现了她的人生目标。

这些沃尔玛的“合伙人”，都是对沃尔玛有着坚定信念的员工，始终与沃尔玛团结在一起，走过许多的风风雨雨，也正是因为他们的努力，沃尔玛才有了今天的辉煌。可见，企业文化对员工工作热情的促成是有很大影响的。而员工如果认同企业文化，他就能做到爱岗敬业，就会形成认同感和凝聚力，并为企业创造价值。

工作金言

认同企业文化，今天你以企业为家，明天企业以你为荣。

问题思考

小涛本来是一家大企业的员工，接受过很多员工培训，也知道爱岗敬业的重要性。但由于原来的企业业务重组，小涛被迫离职，来到一家同行业的小企业上班。

上班第一天，小涛早早来到企业，坐在自己位置前，开始了认真的工作。八点半，已经是上班时间，小涛发现还有几个位置空着。又过了大概五分钟，有两个员工有说有笑地进来了，手里还拿着未吃完的早餐，一边走，一边嚼着……

小涛心想："别人是别人，我还是管好自己吧！"过了一会儿，他又观察周围的同事，发现有两个同事还在看视频，有的耳朵里插着耳机，根本就没有认真工作。

过了一会儿，老板来了。于是敲击键盘的声音开始此起彼伏，大家又都进入了工作状态。

假如你面临这种情况，你是否会向上级反映情况，或者直接提醒这两位同事，结合上例谈谈自己的想法。

让个人目标和企业目标产生"共振"

每个员工都有自己的个人目标，如更多的薪资，更高的职位，更多的经验积累；每个企业也有自己的目标，如年销售量达到多少，实现利润多少，在行业内达到什么水平。个人目标和企业目标既有一致的一面，又有不一致的一面。他们的关系是"合则两利，败则两伤"。

员工的目的就是要实现企业的目标。聪明的员工，懂得如何让个人目标和企业目标保持一致，实现彼此的"共振"。因为这是员工能够获取最大回报的唯一捷径。

某企业为了快速打开市场，决定实施"低价、规模化"的营销策略；同时，企业为了更好地激励员工，规定凡是高价销售的产品，超出企业底价的利润空间由员工和企业均分。此政策的出台对员工刺激极大，大家激情澎湃，都想着多赚一点钱。

小王和小刘是企业的两名营销骨干，两人的做法却有很大的差异：

小王牢记“高价销售的产品，超出企业底价的利润空间由员工和企业均分”这个政策，一门心思就想着获取“暴利”。企业产品正常售价是3万，小王就坚持报价6万以上，甚至达到12～15万，这样一单下来，小王就能得到2～6万的提成；同时对于其他“金额和利润空间太小”的产品，小王根本就不上心，也不去关心和投入。两个月下来，小王签了一个大单，三个小单，提成不错，但是企业领导非常不满意——因为企业出台这个政策，核心目标是“量利结合”，尤其是要快速提升销量！

小刘很好的领会到了企业目标，并将自身目标与企业目标保持一致，全力追求“低价、规模化效益”，同时在合适的时机，高价销售产品。企业领导非常欣慰，并不断将一些重点客户、大客户移交给她，小刘越干越起劲。同样是两个月下来，小刘签了二十多个单子，其中金额较大的单子也有三四个。企业进行阶段性考核，小刘被提升为营销经理，获得了更广阔的发展空间。

小王和小刘无疑都是优秀的员工，但小王更多考虑的是个人目标——多赚钱，小刘则善于将个人目标融入企业目标，销售业绩上不但超过了小王，还得到了领导的赞扬。

有人说：“雁阵之优，在于目标一致，前后呼应，全员共进。”大雁在迁徙时都是集体行动的，少则几只，多的时候能达到几千只，它们的队形能保持整齐，关键在于它们的团队目标一致。

同理，一个共同的企业目标就像一面大旗，赋予员工神圣感和使命感，鼓励员工为崇高的信念而奋斗。没有共同目标的组织必定是松散而没有竞争力的，如同大海中失去航向的船只。

黄军大学毕业应聘到某广告企业上班，他一心想提高自己在设计方面的能力。上班时间，黄军都在认真学习平面设计方面的知识，对于老板交给的任务总是敷衍完成。这天老板主动找到他，让他设计一个广告策划方案。

黄军还是不紧不慢，没当回事，把策划方案的材料放到一边后，又沉浸在自己的“平面设计”中了。谁知道，这个方案是一个重要客户要的，而且很紧急。下午的时候，客户打来电话催着要，黄军才慌了手脚，急忙弄了个方案传过去。结果对方很不满意，一笔大单就此告吹。

老总知道后，直接辞退了黄军。

黄军没有将自己的目标融入企业目标，结果导致了失败。个人目标与企业目标融合，目的是促使团队成员更加出色高效地完成自己的工作，促进企业更加高效地运转。企业目标与个人目标是否协调一致以及一致的程度，直接影响着企业目标能否实现以及效率的高低。

将个人目标融入企业目标，会使个人将注意力投向企业及部门的整体业绩，而不只是自己的报酬和升迁。这样，员工的视野会更加广阔，在工作中，他们会认真考虑自己现有的技能水平、专业，乃至自己的部门与整个组织或组织目标应该是什么关系，他们还会进一步从客户或消费者的角度出发考虑问题。

将个人目标融入到企业目标中，可以增进一个人对自己工作的认同，从而大大提高他的工作热情和效率。另外，对企业而言，一个人的成功不是真正的成功，团队的成功才是最大的成功。一个人要实现自己的工作价值，就应当将个人追求融入到企业目标中。

工作金言

寻求个人目标与企业目标的一致性，才能在职场上如鱼得水。

问题思考

杨柯是学动画设计的，最近跳槽到一家国内知名的动画企业。这家企业开出的薪资和福利都很优厚，杨柯感到很满意，认为走对地方了。可是才到企业几天，杨柯就发现，新企业的氛围和环境与原来供职的单位有很大差别。

原来企业规模较小，业务量也不大，杨柯每天的工作很清闲，完全可以按照自己的创意来画。几个同事也经常聚在一起，有说有笑的。可到了新企业，每个人似乎都很忙碌，各忙各的，根本不关心周围的同事。他来两天了，就主管和他打了两次招呼，其中一次还是主管给他布置任务。此外，企业的工作量大，基本也不需要什么“精益求精”，领导的意见是“客户满意就行”。

有些客户要求比较低，杨柯随便画几张就能满足客户的需求。看着那些客户一脸满意的样子，杨柯却在想：“就我这三分钟完成的，你们也看上了？”有时候，遇到刁难的客户，杨柯画了一遍又一遍，就连自己都觉得非常满意，可客户还是不满意。领导的意见是“客户至上，改！改到客户满意为止”。

杨柯感觉自己快疯了，又有了跳槽的想法。

问题一：什么原因导致了杨柯现在的窘境？

问题二：如果你是杨柯，你是选择适应企业文化，还是选择离开？

企业到底需要什么样的员工

日本管理学家川上真史在《改变公司的员工在哪里》一书中提出这样的问题：我们的企业到底需要什么样的员工？能够改变公司命运的人是什么样的呢？紧接着他又给出了下面的答案：他们不把问题当问题，而把问题当课题；他们有勇气迈出第一步；他们能及时、准确地发射知识和信息；他们时刻张开天线，接收一切能为企业带来效益的资讯；他们能对企业的问题进行深入的分析、探讨并解决问题；他们善于用自己的语言来表达观点、远见和计划。

如果把川上真史的话用一句话来概括，那就是，企业需要的员工必须具有正能量，只有具备正能量的员工才能时刻充满工作激情和无穷的战斗力。

他 1982 年退伍后来到鞍钢集团矿业公司齐大山铁矿工作。自参加工作 30 多年来，先后任职过矿用大型生产汽车驾驶员、车间统计员兼人事员、矿扩建工程办公室英文翻译、车间团支部书记、矿党委宣传部干事等岗位。他就是——郭明义，这个曾被华夏大地广泛称颂的爱心大使和劳动楷模。

郭明义在 2010 年成为感动中国的 10 大人物之一，颁奖词上如此写道：他总看别人，还需要什么；他总问自己，还能多做些什么。他舍出的每一枚硬币，每一滴血都滚烫火热。他越平凡，越发不凡，越简单，越彰显简单的伟大。这些不仅是对郭明义高尚人格的赞扬，也是他对待工作态度的真实写照。

郭明义在工作岗位上，时时刻刻发挥着先锋模范作用，并在每个工作岗位上都取得了令人骄傲的成绩。尤其是从 1996 年开始担任采场公路管理员一职后，他每天都提前两小时上班，在 15 年中，累计献工 15000 多小时，相当于多干了五年的工作量。工友们称他是“郭菩萨”、“活雷锋”，矿业公司领导则称其使整个“矿山人”的精神得到了升华。

由于齐矿生产压力大，采场道路调整特别频繁。郭明义常常要在采场里工作到天黑，才能回到办公室，回家就更晚了。

每到夏天，脸上都要多次晒爆皮；冬天时，耳朵经常被冻伤。可谁也没有见他叫过一声苦，说过一句疼！15 年中，无论是漫天飞雪，还是大雨滂沱；无论是烈日当头，还是冰天雪地；无论是双休日，还是节假日，都从未阻挡过他坚定而匆忙的脚步。

仅每天靠步行提前两小时到达采场并坚持了 15 年这一点，齐矿的职工们没有一个不佩服的。当记者在采访时问他是怎么做到的？他只是轻描淡写地说：“没什么，习惯了，不早点来看看采场道路的情况，心里不踏实。我来了，也能给现场的夜班职工们鼓鼓劲，让大家争取在交班前多抢点活。”短短几句朴实的话语，让一个优秀员工的形象深入人心。

这也是为什么当初领导们不约而同地选择郭明义来担任这个挑战性极大的职位的原因。因为他们知道，郭明义具备了高度敬业、勤奋努力、勇于担当等种种优秀员工的素质，这些素质是企业迫切需要的。只有具备这些素质的员工，才能克服困难，做出最好的成绩。

郭明义不仅对待工作认真负责，兢兢业业，而且还时时以企业为家。他为了维护企业和同事的利益，甚至不惜牺牲自己的一切。

由于铁矿石价格大幅上涨，许多不法分子都把盗抢矿石作为生财之道。而齐矿采场又与鞍山、辽阳的多个村子接壤，守护任务非常艰巨。郭明义主动报名参加，每天晚上在采场巡逻。2007年夏季的一天凌晨，郭明义在巡逻时，发现一伙人开着车正在盗取矿石，他立即上前制止。这伙人拿着刀恐吓郭明义："赶紧让开，不然废了你！"郭明义却毫不退缩，他甩掉上衣，拍着胸口说："看你废我哪儿！"盗贼的嚣张气焰被郭明义的凛然正气压倒了，他们不得不丢下车辆和矿石慌忙逃跑了。

与此同时，郭明义还非常关心和照顾同事：职工反映上班途中通勤车出现险情，他听到后意识到问题的严重，马上向有关领导汇报，及时改善了交通条件；职工反映午餐有质量问题，他一看情况属实，拿起职工的饭盒就去找领导；凡是职工对工资分配、劳保品发放等问题有误解、有牢骚，他都耐心地解释，自己说不清楚的，就会将信息及时地向有关部门反馈，多次化解了职工的思想波动。更让人敬佩和叹服的是，郭明义虽然经常向领导反映职工遇到的困难和问题，而他自己事，却一件都没有提起过。

郭明义就是靠着自己的鞠躬尽瘁的奉献精神，一步步成了企业中无法或缺的员工。

像郭明义这样的员工，无疑是企业最需要的员工。因为他身上有着不畏惧困难、以企业为家、勇于担当、认真负责等很多正能量，所以他被领导赏识和青睐是必然的结果。

企业最需要什么样的员工，任何创办企业的领导者都把这个问题当成挑选员工的依据。众所周知，领导喜欢那些积极、向上、热情、执行到位、付出、感恩、善于思考等具备正向能量的员工。因为只有具备这种正能量的员工，才是可以处理和解决问题的员工。他们身上的那些正向能量，是企业快速发展的动力和源泉，是提升企业战斗力不可或缺的因素。关键是，他们首先能认同企业文化，以企业为家，正是这些正向能量，也决定了一个员工自身不可替代的价值。

工作金言

只有具备正能量的员工才能时刻充满工作激情和无穷的战斗力。

问题思考

赵明是一名日本留学生，他想在东京找一份工作。然而，让他没想到的是，他在一家公司的试用期过后，老板藤原先生却给他提供了一份终身合同。

虽然藤原先生为赵明提供的待遇非常不错，但是他却不希望将自己捆绑在一个地方。所以，赵明拒绝了藤原的邀请，又加入了求职者的大军。

然而，离开藤原的公司之后，各种各样的打击接踵而来。在接下来的半年时间里，他仍然在不断地更换工作。渐渐地，赵明越来越没有信心，总是主动选择离开。后来，他甚至连饭都吃不起了。

这时的赵明，开始思考，他觉得，藤原的公司才是最适合自己的，“终身聘用”似乎比不断跳槽要好得多。

于是，赵明回到了藤原的公司，而老板藤原也对他的回归表示欢迎，两人很爽快地签署了那份包含着“终身聘用”字样的合同。

回到了藤原的公司之后，赵明的工作热情高涨，他不断地在自己的岗位上取得优秀的业绩。最后，赵明被任命为这家中型公司的副总裁，他的人生进入了新的阶段。

为什么面对同样的一份“终身聘用”合同，赵明前一次选择了拒绝，而后一次却主动回归并爽快签约呢？结合本节内容，说说你的看法。

正能量加油站：认同企业文化，携手缔造双赢

很多员工认为，企业和自己只是雇佣关系，企业出钱，员工出力，只要老板每个月把工资发给自己了，企业好不好跟自己没有太大的关系。但是他们没明白，企业和员工是共生共荣、唇齿相依的关系。设想如果你的企业破产了，谁给你发工资？你想领到更多的薪水，可你的工资又从哪里来？只有你和老板一起，把企业做大做强，你才能从中获益。

因此，员工必须心系企业的发展目标，并为企业实现这个目标而努力。这样企业才能兴旺发达，员工的利益也才能得到保障。这就叫做“双爱、双赢”，企业与员工相互关爱，相互得益。

事实证明，企业和员工，合则两利。企业发展壮大了，员工的发展空间自然会跟着变大，舞台也更大；企业的利润增长了，员工的利益自然也会随之增长。相反，如果企业的利润越来越少，规模越来越小，那么员工在企业的发展空间就会越来越小，员工自身的利益也只能越来越少。

一个员工用自己的努力付出创造个人和企业的双赢，要从平时工作中着手，时刻不放松对自己的要求，具体来说要做到以下几点。

1. 认同自己的企业

对于员工来说，接受并认同企业是热爱、感恩企业的前提，也是为企业付出、全力投入工作的前提，更是实现自我的前提。员工在企业里工作，只有通过企业这个平台才能更好地发挥自己；假如没有了这个平台，员工个人就失去了用武之地，即使你才高八斗，学富五车，没有舞台，都不能

得以施展。所以要认同就职的企业，这是保证自己工作的根本所在，也是一个员工生存和发展的必然要求。

员工要想在企业生存下去，发展下去，首先要认同所就职的企业。只有认同了自己所在的企业，才能更好地接受并热爱它、感恩它，才能为工作甘心奉献，才能让自己感觉到付出的一切都是有价值的。这样，即使再苦再累也不会抱怨和后悔；这样，才能自觉地站在企业的角度上去思考问题，做到忠诚敬业，全力付出，进一步取得事业上的成功。

2. 树立主人翁意识

以前我们经常讲要有主人翁意识，要爱厂如爱家。现在很多人认为在市场经济条件下，这样的意识是落后过时的，员工和老板纯粹是雇佣关系，何来主人的感觉。事实真的如此吗？埃克森美孚总裁李·雷蒙德应邀为哈佛大学商学院MBA毕业生演讲，他提出了这样的建议：“不管你在哪里工作，都别把自己当成员工——应该把企业看成是自己的。”只有把企业看成是自己的，自己是企业的主人，才能真正做到对企业负责任，用心工作。很显然，以主人翁的心态对待企业，你就会成为一个值得公司老板信赖的人、一个乐于被他人雇用的人、一个可以成为上级得力助手的人。

在某世界五百强公司对内部员工进行企业核心价值观培训时，培训讲师讲了这样一个故事：

新娘过门当天，发现新郎家里有老鼠，便笑着说道：“‘你们’家居然有老鼠！”第二天早上，新郎被一阵追打声吵醒，听见新娘在叫：“死老鼠，打死你！打死你！居然敢偷吃‘我们’家的大米。”

讲到这里，讲师自然就点出了要旨：每位员工进入公司后，都应有“过门”的心态，树立主人翁意识，这样才能处处都站在企业的立场上，以老板的心态去想问题，尽职尽责，全力以赴。企业自然需要你这样忠诚敬业的员工，而你也需要通过这个平台来发挥自己的聪明才智，实现自己更大的价值。一个把企业当家的人，认同企业文化，企业也会回报他这份用心。

3. 自觉维护公司形象

荷兰菲利浦电器公司总裁日思达曾说：“目标、信念与人构成三位一体，形成企业形象，而企业形象，实质就是企业员工个人形象的集合。作为企业的一员，精心维护企业形象当是责无旁贷。”

企业有了良好的社会声誉才能在激烈的市场竞争中得到生存和发展，个人的价值才能得到实现。如果企业的声誉、形象受到损害，个人的价值也同样会受到损害，在别人的面前都自觉矮人三分。

4. 化职业感为事业感

职业感和事业感，虽然只有一字之差，却会得到截然不同的结果。职业感要求我们恪守职业道德，尽心尽力地完成我们的工作。而事业感却不同，它体现了更多的自觉性，而且直接与我们的人生观、价值观联系在一起；事业感追求的是一种完美的境界，能体现自己生存的意义，能激发更多的创造性。有一家企业的一名普通工人，发明了好几项专利，在行业领域相当成功。他在谈到成功心得时说：“能够取得这些成功，就是因为我从来不把这份工作当作谋生的手段，而是当成事业来经营。”所以当你认为你所从事的职业是一份值得为之付出和献身的事业时，你就会带着一颗感恩、虔诚、敬畏的心去看待你的工作，并在这个过程中让你的人生更加的圆满。

以企业为家，用你的智慧去为公司创造更多的价值，和你的公司携起手来，共同成长，最终你和你的公司都将在激烈的市场竞争中胜出。

第13章 正能量让你永远无可替代

企业需要有能力的人，一个不够优秀或一无所长的人很容易就会被企业淘汰。因此，我们必须努力提升自我，不断补充自身的正能量。这样，我们才能成为企业中不可或缺的人。

提升自己，做公司的灵魂人物

松下幸之助曾说过："一个企业的员工在精而不在多，重点体现在，企业面临难关时，需要的是能沉着冷静，为公司创造价值或是减少损失的人。这种人，也就是公司的灵魂人物。"可是，在竞争激烈的职场中，不是谁都能随随便便就可以成为灵魂人物的，这需要员工不断地提升自己，抓住一切机会为自己充电，让自己始终保持一种自身素质过硬的极佳状态。只有做到不断提升自己，才能获得更多的正能量，才能成为公司的灵魂人物。

查理在一家服装厂工作。以他的学识，他本来可以有更好的工作。但不幸的是，他有先天缺陷，不能长时间站立和行走，于是他只能在这个普通的厂子里当一名缝纫工人。但乐观的查理并没有因此而苦恼，而是把全部精力和热情都投入到了自己的工作中。因为他知道，由于自己有缺陷，如果不努力提升自己，做公司不可或缺的人，总有一天会被淘汰出局的。从此，他便开始不断充实自己。

查理几乎把自己所有的业余时间都用于读书，并且还会在休息时间给同事们讲笑话，把他对生活的乐观传达给了每一个人。因为痴迷于服装设计，每天的工作结束时，他都会找些服装设计类的书和杂志来看，尽可能地增长自己的专业知识。同时，他还报名参加了服装设计大赛，并获得了二等奖。他也因此被厂里破例提拔为服装设计师。

此外，查理还经常鼓励厂里的一些年轻人努力工作，并尽自己所能帮助他们在业余时间学习专业知识。就这样，在查理的影响下，这个服装厂培养出了很多高级技师和服装设计师，在行业内的名气越来越大。而查理也成为了这个服装厂的灵魂人物，很多方案都需要他决定后才可以实施。

在工作中，如果你不懂得提升自己，凝聚更多的正能量，不懂得每天学习、充电，你很快就会落伍，就会被这个时代和你所在的企业抛弃。因此，无论在何时何地，每一个工作人员都应该像查理一样，随时充实自己，修炼自己的能力，力争做公司的灵魂人物。

职场中总是有这样三种员工：不可或缺的灵魂型、各方面合格型、末尾淘汰型，任何员工必居其一。但是，如果杰出者不思进取，早晚会被淘汰；淘汰型发愤图强，必然能呈现其价值，一路绿灯。所以，在职场中，你是“天天向上”还是“自甘堕落”，完全取决于你是否在努力提升自己。

小王和老李都是一家企业的员工。小王是个职场新人，不仅业务能力低下，还总是喜欢偷懒、抱怨，所以时时受到经理的冷落和责罚；老李是个业务能力很强又为人平和的老员工，常常得到公司的嘉奖。

一天，小王对老李说：“我打算跳槽了，我非常讨厌这个公司！”

老李听了后微笑着说：“你要跳槽真是太好了，我举双手赞成，这家破单位你再待下去迟早会毁了你。不过你要是打算现在就走，那就有点可惜了。”

小王疑惑地问：“为什么？”

老李说：“如果你现在走，公司的损失并不大。你应该趁着在公司的机会，拼命去为自己积聚一些客户资源，成为公司独当一面的人物，然后带着这些客户突然离开公司，到时候公司不后悔才怪呢。”

小王觉得老李说得非常正确，于是通过各种方式来提升自己的业务水平，并“忍辱负重”地去开拓客户资源。一年后，小王的业务水平得到了极大的提高，并且还有了很多忠实的客户，这让他成为了业务部不可或缺的人。

此时老李问小王：“现在是时机了，要跳槽的话就可以行动了。”

小王淡然地笑道：“昨天总经理跟我长谈过，准备让我去做西南区的业务经理，我暂时没有离开的打算了。另外，非常感谢你对我的帮助，如果没有你，我不会这么快就得到公司的重用。”

任何员工在公司是否处于重要位置不是自己说了算，而是靠公司的认可。故事中的小王起先并没有意识到这一点，聪明的老李通过巧妙引导，让小王最终得以重用，并意识到了老李的良苦用心。

任何时候，员工的抱怨、牢骚都不能解决问题，工作中要想真正得到他人的认可，必须不断提升自己的业务能力。只有那些身上具备不放松自己、不断进修、及时给自己充电的正能量的员工，才有资格与人一比高下，才能成为公司需要的人才。

如果你也想成为公司的灵魂人物，那就请你在内心问一问自己：我在公司的重要性如何？我是不是这里不可或缺的人？假如我离开后将有什么人代替我现在的位置？下一批公司裁员的名单中会有我的名字吗？当然，不论你得到的是什么样的答案，千万不要忘了要赶紧提升自己。

工作金言

在工作中一步也不放松的人，是最难战胜的劲敌。

问题思考

“麦当劳公司”前最高主管杰弗晨•坎贝尔在谈到自己的发展史时提到，他的事业的转折点是他意识到自己的位置应该在餐厅的那一天。有一天，他被提升为营销部的第二把手，成为公司一名高级职员。当他开着公司的小车回家的时候，他认识到，对他个人的目标来说，这次晋级毫无意义。他想参与公司的经营，但他不属于公司的核心。用他自己的话来说，当时他只看到“一块饼的15%”。

公司的核心业务在餐馆，那个直接将汉堡包卖给顾客的地方。他毅然放弃了这次晋升机会，办了一个为期一年的许可证，开始从头学习业务。一年后，公司总部便将他调回去任营销部的第一把手。不久，他的原主管进入另外一家公司，而坎贝尔则顶替了他的职位。

你能从坎贝尔的故事中得到什么启发？结合这个故事，谈谈你的想法。

迈向卓越，打造自己的核心专长

要想成为一名卓越的员工，到底他应该具备什么样的素质呢？回答是多种多样的。这说明人们还没有找到一个衡量卓越员工素质的统一标准。不过，人们对于“拥有自己的核心专长，是迈向卓越的第一步”这一点是可以达成共识的。所以，任何一个人想要实现自己的目标，就需要找到和塑造自己的核心专长，这样，你才拥有了迈向卓越的正能量。

贝尔蒙多是巴黎一家星级大酒店餐饮部的一名小厨师。他长相普通，甚至还有点丑，而且他也没有什么特别的长处，做不出大家认可的大菜，所以他在餐饮部只能给人当下手。为此，大家都看不起他，还经常指责他。

一天，他的师父对他说："我老了，很快就要退休了。退休之前我还可以帮助你，但在我退休之后，你肯定会因为没有一项专长而被酒店辞退。所以，你要想继续在这里干下去，就应该学会一项专长，否则，你的饭碗是保不住的。"

贝尔蒙多听了师父的话，顿时警醒了。于是，他开始冥思苦想地打造自己的核心专长。在经过半年多的刻苦钻研和训练，他终于练出了一手"绝活"——非常特别的甜点。他能把两只苹果的果肉都放进一个苹果中，那只苹果就显得特别丰满，可是从外表上看，一点儿也看不出是两只苹果拼起来的，果核也被巧妙地去掉了，吃起来特别香甜。

这道甜点被一位长期入住酒店的贵妇发现了。她品尝后，十分欣赏，并特意会见了做这道甜点的贝尔蒙多。这个一直不被人重视的憨小伙子激动地表示，他将再接再厉，不辜负客户的赏识。随后，他又推陈出新，制作出更多巧夺天工的甜点。

贵妇虽然长期包下了一套最昂贵的套房，可是一年中加起来只有不到一个月的时间在这里度过。但是，她每次到这里来，都会点那道贝尔蒙多做的甜点。

酒店里每年都要裁去一定比例的员工，经济低迷的时候，裁员的规模就会更大，不起眼的贝尔蒙多却一直没有被裁掉。后来，酒店的总裁告诉他，那位贵妇是他们最重要的客人。而他，可爱的贝尔蒙多，由于有他人无法模仿的核心专长，已经成为酒店里不可或缺的卓越员工。

无论你从事哪一种工作，只要你的核心专长和你的工作有关，那你就相当于拥有了笑傲"江湖"的利器。核心专长，这是一个员工走向卓越的必备条件，也是优秀员工不可或缺的因素。员工只有打造出自己的核心专长，让自己不断地向卓越员工的目标迈进，才有可能实现自己的梦想。就像故事中的贝尔蒙多，如果他没有自己的专长，不会制作甜点的“绝活”，那他还有什么资本继续留在酒店工作呢？

核心专长之所以具备强大的竞争力，这和它的拥有难度也是有关系的。一个员工，要想打造自己的核心专长，就必须付出极大的努力才行。这就要求员工要时时发挥自己的专业特长，明确自己的职业目标，然后通过不断地学习来提高自己的知识文化水平和专业技能。同时，还要培养正确积极的工作态度和树立职业化的员工形象等。只有做到了这些，你才能实现从平凡到卓越的跨越。

工作金言

核心专长可以极大地提升你在企业中的价值。

问题思考

王欢从销售“菜鸟”到公司器重的销售主管，仅仅用了一年半的时间。很多跟他一起进公司的同事对此都非常不解：大家一起进的公司，他怎么就升职升得那么快？后来经过一段时间的观察，大家终于找到了王欢快速升职的秘诀，他有自己的核心专长——无与伦比的协调和组织能力。

原来，王欢刚来公司的时候，也跟所有的销售“菜鸟”一样什么都不懂，王欢自己也深知这一点。所以，来到公司以后，王欢一直没有放松过。他努力学习前辈的经验，认真研究相关书籍，提高自己的语言能力和团队协调能力，研究公司的产品，最终他的综合能力得到了快速提升。最重要的是，他的协调和组织能力非常出色，甚至让公司的总经理都觉得惊讶。于是，王欢就靠着自己的这个核心专长，慢慢地被提拔成了销售主管。

结合这个故事，谈谈你的核心专长是什么。你有没有在职场中像王欢那样努力提升自己的核心专长？

做到专业，让自己无可替代

职场如战场。在这个竞争激烈的社会，“优秀”已经过时，“卓越”也变得岌岌可危，这就直接导致了两种结果：找工作的人四处碰壁，有工作的人危机四伏，一个不够优秀或一无所长的人很容易就会被社会淘汰。一个人要想出人头地，在职场中变得无可替代，就必须让自己做到专业，让自己拥有别人拿不走的东西，并不断地强化它。只有不断提升自己在这方面的正能量，才能在时代大潮中站稳脚跟，在危机时刻获得更多生存的机会。就价值而言，具有专业技能的员工含金量高，是公司蓬勃发展的依托。一名员工的价值，取决于其不可替代的程度。对于一些岗位，企业往往愿意提供很高的待遇，这是因为胜任该岗位的人很少。

美国福特公司的一台机器某一次发生故障，各方人士检查了3个月，竟然束手无策，最后无奈请来了德国著名的工程师斯坦门茨。他经过研究和计算，用粉笔在电机上画了一条线，说：“打开电机，把画线处线圈减去16圈。”照斯坦门茨的方法做了之后，一切都恢复正常了。福特公司问要多少酬金，他说要1000美元。大家都惊呆了——一条线的价值居然这么高！他坦然地说：“画一条线值1美元，知道在哪个地方画线值999美元。”

这就是专业带来的可观价值。作为一名员工，要想在人才济济的职场之中脱颖而出，就必须让自己能够胜任自己的工作岗位，并做到专业，这样才能引起老板的注意，并受到同事的钦佩，从而奠定自己业务骨干的地位，为今后的发展打下坚实的基础。

然而，在我们的日常工作中，很多员工不能适应本职工作，首先就是因为他所具备的知识和技能与工作要求不相符。对于这一点，解决办法就是：在本职工作中丰富自己的知识，提高工作技能。这要求每一名员工除了要有坚强的毅力外，还须掌握科学的方法和具有足够的自信心。

如果今天做不到这一点，那么明天你就有可能加入到求职大军的行列中。所以，你必须尽快找到自己的优势，将自己塑造成一个不可替代的员工。唯有不可替代，方可笑傲职场。

不可替代的员工，从综合素质上来讲也未必是最优秀的。他们之所以不可替代，是因为他们拥有自己的专长，并把自己的专长发挥到极致，这个人通常是团队中的核心人物。俗话说，三百六十行，行行出状元。每个人都能在自己的岗位上从平凡做到优秀，从优秀做到卓越、做到不可替代。因此，员工要把“精业”作为自己工作的目标，不断激励自己提高自身素质，在工作中追求尽善尽美，从而在竞争激烈的职场中，让自己脱颖而出，成就更辉煌的事业。

工作金言

只有专业，才能让自己无可替代！

问题思考

思考以下两个问题，并写出你的答案。

问题一：你是否真的为了让自己更专业而付出过努力？

问题二：你觉得正能量对提升自我是否有帮助？如果有，体现在哪些方面？

向上看齐，以“高目标”为动力

有一句广告语众所周知：没有最好，只有更好。一个优秀的员工对待工作的态度也应如此。只有如此，员工才能保持旺盛的工作热情，才能把工作做得更好，才能不断进步。这也是为什么那些优秀员工在工作中一直强调“要用高目标来要求自己”的原因。因为高目标会给人动力，给人热情，让人有战胜一切困难的正能量。

正如美国民权运动领袖马丁·路德·金所说的：“如果一个人是清洁工，那么他也应该像米开朗基罗绘画、贝多芬谱曲、莎士比亚写诗一样，以同样的心情来清扫街道。他的工作如此出色，以至于居民们都会对他注目赞美：瞧，这儿有一位伟大的清洁工，他的活干得真是无与伦比！”

许振超是中国新时期产业工人的杰出代表。他初中毕业后就来到青岛港做了一名码头工人。他当时的工作就是操作被誉为20世纪70年代最先进的起重机械——门机。为了能够早日掌握这门技术，许振超勤学苦练，短短7天的时间就学会了，他也成为了在一起学习的工人中第一个实现独立操作的工人。

但是操纵门机是个技术活，会驾驶只是学到了它的皮毛，真正能做到操作自如就相当困难了。他的师傅操作门机的时候，钩头起吊平稳，钢丝绳走的是一条线；但是到了许振超的手里，钩头总是稳不住，钢丝绳直打晃。特别是在进行矿石作业的时候，当他把货物放下时，洒在外面的比装入车内的还要多。工人们不得不用铁锹进行清理。看到这一幕许振超感到非常内疚。

此后他暗暗发誓，一定要达到师傅的水平，掌握好这门技术。为了早日实现这个目标，在每次作业完毕之后，当别人歇着的时候，许振超还继续在车上练习停钩、稳钩。功夫不负有心人，四五个月之后，他开的门机钢丝绳走起来也是一条线了，一钩矿石吊起，稳稳落下，不多不少，正好装满一车皮。这手一钩准的绝活，很快就被大家传开了。

由于许振超踏实肯干，他被提拔为桥吊队队长。他在工作中发现，桥吊故障中有 60% 是吊具故障，而故障主要是由于起吊和落下时速度太快，吊具与集装箱碰撞造成的。他觉得这样操作不仅桥吊容易出故障，货物也不安全，所以开始要求大家必须做到无声响操作。

为了达到这种被他的师傅称为天方夜谭的高目标，许振超又开始自己动手苦练起来。他通过控制小车水平运行速度和吊具垂直升降之间的角度，操作中眼睛上扫集装箱边角，下瞄船上装箱位置点，手握操纵杆变速跟进找垂线。打眼一瞄，就能准确定位，又轻又稳。就这样，无声响操作又成了许振超的杰作、青岛港的独创。正是凭借着这种向高目标迈进的上进心和严格要求自己的正能量，他攻克了一个又一个难关。在许振超的带领下，青岛港创下了每小时单船装卸 381 自然箱的最高纪录，并连续两次刷新了世界集装箱装卸纪录。

积极进取，向着更高的目标迈进，这是成大事者不可或缺的一种正能量。可以说，许振超的成功就是出于对自己的严格要求、对高标准的狂热渴求。因为只有时刻看着最高标准，选择更高的起点，你才能有奋发向上的动力，才能有所提高和进步。假如你永远停留在基本的、差不多的低要求上，就不可能实现自身的飞跃，更不可能成为一名优秀的员工。

全世界最早的现代成功学大师和励志书籍作家拿破仑·希尔曾经说过这样一句名言：“如果你想成功，必须明确自己的追求，并且要明确付出多少代价才能把它搞到手。为此，你要具体地设定目标，详细、周密地做出达到目标的行动计划，尽最大努力去做，每天大声唱读，在没有实现目标之前就以目标的最高标准来要求自己。”这句话其实就是说，所谓的成功发自人们的内心，只要你能不断地给自己设定更高的目标，不断地提升自我，持续补充身上的正能量，那你也可以取得令人艳羡的成就。

工作金言

如果你能用更高的标准来严格要求自己，你就会有一种更强大的内心驱动力，促使你向着优秀和成功前进。

问题思考

思考以下两个问题，并写出你的答案。

问题一：你在职场中的最高目标是什么？有没有为它付出过努力？

问题二：如果你的最高目标无法实现，你会怎么做？

正能量加油站：不断强化“个人学习力”

“个人学习力”是指个体吸收知识和运用知识并改变工作和生活状态的能力。它表现在两个方面，对内是个体将学到的知识、技能等自主地与自身原有的知识结构进行联系，并转化为完全属于个人的能力；对外则是个体将学到的知识或技能等进行应用或适用的能力。而且据研究证明，学习力不仅仅包含学习能力，还包含了情感（个体对学习的态度）及个体生理条件等因素。

在这个知识经济的时代，学习已不再被认为是上学的事，学习的内涵已经发生了很大的变化。学习已经没有时间的分隔、人员的界定和学习场所的限制，学习已变成了终身的事情，人们必须随时随地地学习，因此学习能力的提高远比学习知识更重要，知识毕竟是在不断更新的，人们所需要的是要有学习知识的能力而不仅仅是学习知识。那么应如何提高自己的学习能力呢？

1. 经常内视自我

有位名人说过这样一句话“吾日三省自身”，说这是他之所以成功的秘诀，这就是自省。人们在各种活动中必须要经常自省，审视自己。因为据社会心理学家研究表明，人们在对事物进行归因时，通常是把积极的结果归因于自己，把消极的结果归因于情境。如果这样，你很难做到主动、积极、公正的审视自己。

因此，我们要提高自身学习能力就必须要勇敢、主动、客观地反省自身情绪、思维及能力，准确评估组织及客观世界，勇于打破旧的格局，创建新的发展要素。正如狄更斯所言，不论我们多么盲目和怀有多深的偏见，只要我们有勇气选择，我们就有彻底改变自己的力量。学习能力的提高也是一样。

2. 广泛吸收外部信息

这是自身学习能力提高的前提基础，毕竟个人的知识水平是有限的，要想提高自己，就必须能广泛吸引外部的信息知识、资源和变化，并乐于尝试新思想和新经历。同时这也是个人良好修养的一种表现。只有不固步自封、固执己见，才能认真倾听他人的想法并公正地评价他人的主张，从而达到取长补短改进自己的目的。

3. 实践出真知

一位爱好写作的青年曾经向鲁迅请教“成功秘诀”。鲁迅拉着他的手一块来到海滨，要他下水游泳。这位青年怔了一下，急忙掏出一本《怎样学游泳》的书，坐在礁石上看了起来，只有两只脚丫伸进水面搅来晃去。鲁迅先生就问：“这本书你以前看过没有？”青年答道：“看过五六遍了，但总觉得没有全部背熟……”鲁迅说：“我来帮帮你！”说着，便把这位青年推进水里，结果这位青年终于学会了游泳。

我们必须在实践中学，在实践中获取知识。

4. 善于发掘“点子”死角

“一个点子的好坏，不是看它在组织内的哪一个层级酝酿出来的……点子可以来自各方。所以我们可以翻遍整个地球找好点子，我们可以用自己已拥有的与他人交换。我们一再要求要提高标准并不断地和他人交换点子才能达到这个目标。”

这是通用前总裁韦尔奇说的一段话，这里借用这句话来说明提高学习力有时就在不经意的事、不起眼的人身上得到。你要有一双发现“点子”死角的眼睛。

5. 修炼自我超越

自我超越是一项修炼，善于自我超越的人会警觉自己的无知及力量不足和成长极限，从而努力去突破这种极限，不断地发展完善自身，向成功目标迈进。自我超越一般包含两项内容：不断清理什么是最重要的；不断学习如何更清楚地看清目前的真实情况。具备自我超越能力的人具有两项共同特质：一方面，自我愿景对于他们是一种召唤和使命，而不仅是一个美好的构想；另一方面，他们把目前的真实情况看成是盟友而非敌人。他们学会如何认清以及运用那些变革的力量，而不是抗拒这些力量。他们具有追根究底的精神。他们倾向于与他人、同时也与自我生命本身连成一体，但并不因此失去自己的独特性。

陶渊明曾经有诗云：“盛年不重来，一日难再晨，及时当勉励，岁月不待人”。人的一生是短暂的，我们真正能用在学习上的时间更是少得可怜，所以你不用指望一夜之间学会所有的知识，唯一能做的就是抓紧点滴时间去积累知识，量变引起质变，知识积累到一定程度，就会对你的事业成功产生很大的帮助和影响。